[EN]TRETIENS FAMILIERS

d'une Institutrice avec ses Élèves

SUR LE LIVRE

de MARIA DERAISMES
ÈVE DANS L'HUMANITÉ

PAR

CAMILLE ET HYACINTHE BÉLILON

Avec Préface par GEORGES MONTORGUEIL

PRIX : 0 fr. [illegible]

EN VENTE :

PARIS. — 31, RUE FRANCOEUR, 31. — PARIS (MONTMARTRE)
ET DANS TOUS LES PRINCIPAUX KIOSQUES

—

1900

LA STATUE

de

MARIA DERAISMES

inaugurée

LE 3 JUILLET 1898

A PARIS.

(Au Square des Épinettes, vis-à-vis la rue MARIA DERAISMES)

ENTRETIENS FAMILIERS

d'une Institutrice avec ses Élèves

sur le livre de MARIA DÉRAISMES

EVE DANS L'HUMANITÉ

PAR

CAMILLE ET HYACINTHE BÉLILON

EN VENTE :

PARIS. — 31, RUE FRANCOEUR, 31. — PARIS

ET DANS TOUS LES PRINCIPATX KIOSQUES

—

1900

A Madame FERESSE-DERAISMES

à la sœur fidèle et dévouée de **MARIA DERAISMES**

Camille et Hyacinthe BÉLILON.

PRÉFACE

Quand Maria Deraismes mit au service du féminisme son éloquence, son esprit et son cœur, le féminisme n'était encore qu'une revendication dont il était de bon ton de se gausser. Les rieurs de profession s'en amusaient ; aux formelles raisons opposant de faibles lazzis ; rééditant contre les aspirations légitimes de la femme vers un idéal de complète justice, les lieux communs, fatigués, d'une basse littérature. Des esprits masculins, plus sérieux, sans descendre à de telles polémiques, marquaient une certaine inquiétude de nouveautés qui leur paraissaient d'autant plus bizarres, que les premières propagandistes, attifant leurs idées de toilettes un peu voyantes, semblaient parfois se complaire elles-mêmes dans la bizarrerie. Ils eussent dû démêler dans le fracas de ces opinions ce qu'il y avait de juste et de sensé, Des voix autorisées avaient dénoncé, à toutes les époques, l'état de sujétion de la femme ; et la Révolution avait entendu, malheureusement pour ne les pas écouter, des orateurs équitables, réclamer l'égalité des deux sexes devant la loi. Mais ils restaient sourds, ou feignaient de ne voir, dans le mouvement qui s'indiquait, que la révolte frivole et pittoresque de quelques exaltées.

La brillante avocate des revendications féminines se ressentait de cet état d'esprit. Elle éprouvait, de ces résistances masculines, une irritation dont son œuvre porte la trace. Blessée dans l'orgueil de son sexe par les ironies des sots, elle releva le gant, et de philosophe se fit frondeuse. Prompte à la riposte, alerte et primesautière, de raison éclairée et sobre, mais habile à revêtir ses arguments sages et pondérés, des parures de son esprit élégant. Sa logique se ressent de la fièvre de ces escarmouches et porte ainsi en quelque sorte, sa date.

Différent sans doute (quoique au fond équivalent) eût été son féminisme d'aujourd'hui, après tant de chemin parcouru que l'on peut escompter, comme acquise, dans un avenir plus ou moins proche, la totalité des espérances que les plus audacieuses osaient à peine concevoir. Mais pour n'être pas moins exactement semblable, son féminisme eût-il été plus convaincant, plus démonstratif, de raison plus savoureuse, de dialectique plus serrée, de logique plus irréfutable ? La chaleur et la vivacité de la lutte contre ce que la vaillante conférencière croyait l'hostilité de l'homme, et même, écueil plus redoutable, contre l'apathie certaine de la femme, ne sont-elles pas pour prêter à son langage un tour qui ne le rend que plus séduisant, —fût-ce aux yeux de ces rivaux masculins, accusés de tenir en servage un sexe qui, cependant, ne les fera vraiment libres que lorsqu'il sera lui-même émancipé.

Les plus éminentes qualités de Maria Deraismes se rencontrent dans ce livre, si mûri, si réfléchi, en dépit de son allure d'avant-garde, et qui est intitulé : *Eve dans l'humanité.* C'est la Bible de la femme. Elle nous dit ses droits, et non moins impérieusement ses devoirs ; ceux nouveaux surtout qui découleront de son affranchissement intégral. Ces principes sont condensés en formules lapidaires et en images d'une saisissante précision. Nous n'en sommes plus à discuter sur la magie de leur pouvoir : les plus distingués penseurs de ce temps l'ont éprouvé. Il n'est plus, parmi eux, d'opposants irréductibles à l'égalité de l'homme et de la femme devant l'exercice de la vie. Où sont-ils, ceux qui oseraient, s'appuyant sur les axiomes arbitraires d'une science rétrograde, prononcer l'incapacité cérébrale de la femme ? Et ne sont-ils pas chaque jour plus rares, les attardés qui peuvent encore supposer que le savoir est l'adversaire de la grâce et que les ornements surajoutés à l'esprit, par l'étude, sont une entrave à l'épanouissement de la beauté ?

Parmi les hommes, que les premiers résultats des prophéties de Maria Deraismes ont déjà instruits, se rencontre-t-il de ces inquiets qui redoutaient que la pédante n'éloignât la mère du berceau, quand, au contraire, l'amour maternel s'épure par l'éducation, comme s'il se dépouillait, au filtre du savoir, de ses ignorances et de ses préjugés.

Tout ce terrain conquis fut l'œuvre de vingt ans. En ces dix dernières années, la conquête a été plus rapide encore. Pas assez, toutefois, au gré des combattantes, dont le zèle attendait mieux des assemblées délibérantes, aux rouages si lourds et si compliqués. Elle-même, Maria Deraismes, n'aperçut qu'aux lueurs de son regard qui s'éteignait, la réalisation de l'un de ses rêves. Mourante, elle eut la joie de connaître que le droit électoral consulaire était accordé aux femmes. C'était la vision de la terre promise ; elle pouvait mourir ! Enfin Eve avait sa place dans l'humanité ! Quel rôle jouerait-elle ? Maria Deraismes l'entrevit. Il ne pouvait qu'être souverainement pacifique. La femme qui porte en ses flancs le sort des lendemains est, par destination, conservatrice du sang humain. Elle voyait la femme affranchie des galantes servitudes. des chaînes dorées de la chevalerie ; virile et forte, s'intéressant à la chose publique, délibérant avec les hommes et les menant, par la sagesse de ses conseils, à soumettre, le plus souvent possible, à l'arbitrage, ces conflits qui dégénèrent en massacres, pour lesquels on lui vole, avec la chair de ses entrailles, le plus pur de son amour.

La conception d'une régénération de l'humanité par la femme régénérée est d'une noblesse qui ne peut que profondément nous émouvoir. Quel enseignement a plus de grandeur ! Il nous prépare, donné à des jeunes filles, des femmes fortes, des citoyennes instruites de leur tâche hautaine ; fières de leur sexe, s'efforçant d'en exalter les vertus par la pratique de ces devoirs qui grandissent à mesure que s'étendent les droits.

Toute l'œuvre de Maria Deraismes tend à cette conclusion.

Dans cette œuvre, deux femmes qui ont le plus efficacement médité sur le bien moral qui en découle, Mmes Camille et Hyacinthe Bélilon, confidentes de la narratrice, dépositaires de sa pensée, ont souligné, avec infiniment de tact, les passages essentiels.

Elles leur ont donné la vie familière du dialogue pour en rendre, à un auditoire adolescent, la lecture plus attrayante. Elles ont démontré, par de très simples phrases, comme il s'en dit, que ces graves et profondes pensées répondent aux premiers « pourquoi », que balbutient les lèvres les plus ingénues. La jeune fille, dès que s'ouvrent ses yeux à la vie, prend acte de sa conscience, et à la fois souriante et réfléchie, s'enquiert du chemin de sa destinée. Mmes Camille et Hyacinthe Bélilon ont eu raison de penser qu'il y a un ensemble de réponses à ses interrogations dans ces pages d'une voyante et d'une apôtre, pages si judicieusement choisies et si spirituellement marquées d'un signet.

Georges MONTORGEUIL.

AVANT-PROPOS

Ce fut en 1891 que parut Eve dans l'Humanité. *Cet ouvrage fut universellement remarqué. Madame Féresse-Deraismes, sœur de l'auteur, considérant avec raison qu'il y avait paur les jeunes filles un intérêt puissant à connaître ce livre qui traitait de choses les touchant particulièrement, offrit au ministre de l'Instruction publique l'œuvre de Maria Deraismes, pour être décerné dans les écoles de filles. Monsieur le ministre répondit, non sans quelque raison, que ce livre, parfait dans le fond, comme dans la forme, était cependant au dessus de la portée de toutes jeunes filles, très mal préparées pour comprendre ce sujet, qu'elles n'avaient jamais abordé. Bien qu'elle eût quelque vateur, cette raison n'eût point dû être prépondérante. Cependant, pour éviter le reproche de vouloir surcharger l'esprit des jeunes filles de mots inintelligibles pour elles, nous avons pensé qu'il était bien de choisir les passages pouvant être compris par de jeunes intelligences, et d'en donner la quintessence dans un ouvrage sous forme de catéchisme.*

Madame Féresse-Deraismes ayant bien voulu approuver ce projet, nous le mettons à exécution, espérant que Eve dans l'Humanité *mise à la portée des adolescents, sera le plus puissant facteur de progrès, car, en faisant comprendre aux femmes leur véritable rôle, en réveillant en elles le sentiment de la dignité qu'on y a étouffé, ou plutôt déformé, on prépare l'ère de la Justice et de la Moralité, lesquelles ne sauraient régner tant que la femme asservie par l'homme, ne pourra rien obtenir que par la faveur.*

CAMILLE et HYACINTHE BÉLILON.

LA FEMME ET LE DROIT

PREMIER ENTRETIEN

Mademoiselle, institutrice,
Marthe, 17 ans.
Jeanne, 16 ans.
Adèle, 15 ans.

MARTHE

Chère amie, pourquoi ne nous parlez-vous pas de l'œuvre de celle qui vous fut si chère?

MADEMOISELLE

L'œuvre de Maria Deraismes, mes enfants, par la façon dont elle est traitée, s'adresse particulièrement aux esprits développés. Peut-être est-il un peu trop tôt pour vous...

MARTHE

Eh! bien, chère amie, ne voudriez-vous pas consentir à mettre cet enseignement à la portée de notre entendement ?

MADEMOISELLE

J'y consens d'autant plus volontiers que les enseignements de cette femme admirable devraient être connus de tous; mais, pour votre édification, il est préférable que vous formuliez vous-mêmes les questions sur les sujets qui vous intéressent.

JEANNE

Quelles raisons, ma bonne, Mlle Maria Deraismes donne-t-elle de l'infériorité des femmes dans la société?

MADEMOISELLE

Vous voulez dire *infériorisation*, car l'infériorité est une chose naturelle, tandis que l'infériorisation artificielle est créée à dessein par le sexe masculin. L'homme, par tous les moyens, a cherché à devenir le dominateur. Ecoutez Maria Deraismes :

« A partir de la période musculaire, l'homme s'est emparé brutalement du pouvoir, s'est efforcé d'abaisser la femme et n'a réussi qu'à s'abaisser lui-même. (1).

» Les révolutions libérales se sont succédé, l'égalité devant la loi a été proclamée pour tous; mais la femme n'a pas eu sa part intégrale. Sans doute, elle a bénéficié, dans une certaine mesure, de quelques grandes mesures générales. Cependant, comme fille majeure, elle ne jouit point de ses droits civils (2), et, comme épouse, elle est

(1) Page 13, *Eve dans l'Humanité*.
(2) Depuis, les femmes ont le droit de témoigner dans les actes civils.

en tutelle. Notre affranchissement est encore à faire, et, tant qu'il ne se fera pas, le progrès sera enrayé. » (Page 15).

MARTHE

Sur quoi l'homme s'est-il basé pour affirmer l'infériorité féminine ?

MADEMOISELLE

Sur la conformation du cerveau. Ne riez pas ! L'homme ne rougit point d'être absurde pour affirmer sa domination. Ainsi, selon lui, le cerveau de la femme diffère du sien. Par la physiologie, qui est la science du jeu des organes, il prétend démontrer sa supériorité intellectuelle sur la femme.

« Depuis cent cinquante ans, dit Maria Deraismes, la physiologie nous promène de conjecture en conjecture ; elle promet ce qu'elle ne tient pas, elle affirme ce qu'elle ne sait pas. Nous sommes fatiguées de ce voyage à travers le cerveau. Tantôt elle invoque le poids, tantôt elle invoque le volume, tantôt les circonvolutions et la substance grise.

» Rien ne nous prouve qu'on ne changera pas encore. » (Page 19).

JEANNE

Peut-être... mais pas à l'avantage de la femme, tant que ce seront des hommes qui s'occuperont de physiologie.

MADEMOISELLE

Vous êtes sceptique, ma petite Jeanne, plus que Maria Deraismes, qui n'a pas ajouté cette réflexion sévère.

Notre grande apôtre de l'affranchissement de la femme a fait remarquer que des gens ayant la prétention d'être très judicieux se forment une opinion sur les facultés de la femme par rapport à son physique.

La taille de l'homme étant plus élevée, ses muscles plus forts, cette supériorité doit s'étendre à l'intelligence.

« L'homme, prétendent-ils, est apte à concevoir et à accomplir ce que la femme ne peut exécuter ; l'homme réprésente la raison ; la femme, le sentiment ; l'homme étonne par son génie, par la hardiesse de ses entreprises ; la femme séduit, touche, émeut par sa beauté, sa grâce, sa charité exquise. Les femmes sont des anges. » (Page 20)

JEANNE

Oh ! oh ! je soupçonne un piège...

ADÈLE

Mais... c'est l'avis de mon frère Paul.

JEANNE

Parce que le frère Paul est un homme.

MADEMOISELLE

Retenez ces paroles de Maria Deraismes, mes chères amies, que toute femme devrait graver dans sa mémoire :

« De tous les ennemis de la femme, je vous le déclare, les plus grands sont ceux qui prétendent que la femme est un ange, c'est l'obliger, d'une façon sentimentale et admirative, à tous les devoirs et se réserver, à soi, tous les droits ; c'est sous-entendre que sa spécialité est l'effacement, la résignation, le sacrifice ; c'est lui insinuer que la plus grande gloire, que le plus grand bonheur de la femme, c'est de s'immoler pour ceux qu'elle aime : c'est lui faire comprendre qu'on lui fournira *généreusement* toutes les occasions d'exercer ses aptitudes. C'est-à-dire qu'à l'absolutisme elle répondra par la soumission, à la brutalité par la douceur, à l'indifférence par la tendresse, à l'inconstance par la fidélité, à l'égoïsme par le dévouement.

» Devant cette longue énumération, je décline l'honneur d'être un ange. Je ne reconnais à personne le droit de me forcer à être dupe et victime. Le sacrifice de soi-même n'est pas une habitude, un usage, c'est un *extra* ; il ne fait pas partie du programme des devoirs. Aucun pouvoir n'a le droit de me l'imposer. De tous les actes, le sacrifice est le plus libre, et c'est parce qu'il est libre qu'il est d'autant plus admirable. Il peut arriver que je me dévoue pour un être que j'aime ; cet être est malheureux, souffrant, je cherche à adoucir son infortune en la partageant ; je fais plus, s'il m'est possible, j'attire la calamité sur moi pour l'en préserver ; mais je n'ignore pas que cette personne qui m'est chère ne s'est point placée dans cette situation lamentable pour m'exploiter ; elle est elle-même victime involontaire, tandis que moi, j'accomplis le sacrifice volontairement ; rien ne m'y oblige. Mais si, de parti pris, de sang-froid, après délibération, vous m'exploitez à votre profit, si vous me dites en m'indiquant deux places : en voici une bonne, elle est pour moi ; celle-là est mauvaise, elle est pour vous, prenez-la donc. — Grand merci, je refuse. — Comment, vous refusez? mais pourtant, vous êtes un ange. — *Ange* vous-même. »

JEANNE

Bravo ! Bravo !

MARTHE

Mais comment la femme peut-elle accepter une si grande injustice envers elle-même ?

MADEMOISELLE

Maria Deraismes répond à votre remarque :

« On a cru se mettre d'accord avec l'équité en disant que l'homme a, en société, de plus grands devoirs à remplir que la femme, et qu'il était juste qu'il eût plus de droits, qu'il ne fallait pas oublier que c'est lui qui soutient la famille et qui défend la patrie. Dans le premier cas, on pourrait conclure que, par son travail, l'homme pourvoit entièrement aux besoins de sa femme et de ses enfants. Nous démontrerons que cette affirmation est absolument fausse. La femme, dans le prolétariat, travaille autant que l'homme; comme lui, elle lutte pour l'existence et avec tous les désavantages, puisque, à labeur égal et à égal mérite, elle reçoit un salaire infime, ce qui la met le plus souvent dans la cruelle nécessité de se prostituer pour vivre.

« Et, dans les classes plus élevées, si la femme n'apporte pas sa collaboration active, elle achète à l'homme son droit à l'oisiveté par une forte dot et la perspective d'un brillant héritage. Elle est donc, au contraire, la victime de l'exploitation masculine. Dans le second cas, qui a trait à la défense de la patrie, je ferai observer que, jusqu'ici, ceux qui ont défendu la patrie sont en nombre infiniment restreint, relativement à ceux qui restent dans leurs foyers. Nous ajouterons aussi que la condition de défendre la patrie n'est pas la condition *sine qua non* (sans quoi non) de l'obtention du droit, puisque tous les individus dont la santé est débile et qui sont, par ce fait, exemptés du service militaire, n'en jouissent pas moins de l'intégrité de leurs droits. Ensuite, ne sommes-nous pas autorisées à opposer au service militaire la fonction maternelle, où la femme, pour transmettre la vie, risque de perdre la sienne? Et qu'on réfléchisse qu'il y a plus de femmes mères qu'il n'y a d'hommes soldats. La maternité offre donc pour la femme plus d'occasions de mort que la guerre n'en offre pour l'homme ». (Page 21).

JEANNE

Ma bonne, j'ai entendu dire qu'il ne fallait pas que les êtres humains se ressemblassent pour pouvoir se convenir?

MADEMOISELLE

Maria Deraismes répond à ceci :

« L'harmonie morale du couple gît tout entière dans des similitudes d'esprit et d'éducation, et non dans des différences. Toute affection ne se forme, ne se développe, ne se maintient que par la communion des sentiments, des opinions, du savoir. Si les différences physiques sont indispensables pour l'union matérielle, les différences intellectuelles sont pernicieuses pour le lien moral.

« L'infériorité des femmes n'est pas un fait de la nature, nous le répétons, c'est une invention humaine, c'est une fiction sociale ». (Page 23).

ADÈLE

Mon frère dit que si les femmes veulent s'instruire comme les hommes, elles perdront de leur grâce, de leur charme.

JEANNE

Qu'en sait-il?

MADEMOISELLE

Je cite Maria Deraismes.

« Nos adversaires ajoutent encore ceci : En empiétant, disent-ils, sur les attributs de l'homme, en s'appropriant une éducation forte, la femme fausse sa nature, elle se virilise, partant de là, elle perd de ses charmes et de son attrait. Quoi ! une intelligence cultivée. Quoi ! une certaine somme de connaissances acquises ! Quoi ! une haute raison se réflétant sur la physionomie enlaidiront un charmant visage ! Jusqu'à présent, on avait cru le contraire. Comment ! la raison, la science diminueraient la beauté ». (Page 23).

Vous pouvez calmer vos craintes à ce sujet, ma chère Adèle, car Maria Deraismes était aussi bien douée au physique qu'au moral.

MARTHE

Ma bonne, est-il vrai que la généralité des femmes est satisfaite du sort que l'homme lui a fait, et que ce n'est qu'une infime minorité qui proteste. Qu'en dit Mlle Maria Deraismes?

MADEMOISELLE

Maria Deraismes proteste de toutes ses forces contre cette assertion.

« Depuis le commencement du monde et la formation des sociétés, la femme joue le rôle d'insurgée : rien de plus logique. Lorsqu'on viole la justice et le droit, le droit et la justice ne sont pas anéantis pour cela, ils reparaissent sous la forme insurrectionnelle et révolutionnaire ». (Page 24).

MARTHE

L'homme peut-il espérer anéantir complètement et définitivement, chez la femme, l'idée de sortir de la servitude qu'il lui a imposée?

MADEMOISELLE

Maria Deraismes nous dit :

« Il existe une loi naturelle, immuable, qu'il n'est donné à personne de changer ; loi par laquelle chaque être recherche les conditions favorables à son développement ; loi en vertu de laquelle il tend par toutes ses forces à exercer ses facultés et à épuiser sa sève, physiquement et moralement.

» Il est contre nature qu'un individu se diminue sciemment, s'amoindrisse volontairement ; ses prétentions, au contraire, sont plutôt au dessus de ses moyens. Il est contre nature qu'il abandonne ce qui constitue sa dignité, sa supériorité sur toutes les autres espèces, en un mot, son autonomie. Dans l'économie physique de l'univers, aucun élément n'est sans emploi, aucune force n'est perdue. Dans l'univers moral, l'économie doit être la même ; aucune force ne doit être sans emploi, aucune faculté ne doit être perdue.

» Eh bien ! dans notre ordre social, la femme est une force perdue ; elle n'a point donné tout ce qu'elle peut : elle n'est point allée jusqu'au bout de sa raison. » (Page 25).

ADÈLE

Nous ne devons peut-être pas nous émanciper, on le trouverait inconvenant.

JEANNE

Nous trouverions peut-être inconvenant de ne l'être pas.

MADEMOISELLE

Je poursuis la citation :

« Sans doute, les ennemis de ce mouvement ne manquent pas de donner une définition fallacieuse des mots : liberté et émancipation. Ils s'efforcent de les rendre synonymes de licence, de désordre, de dévergondage. Heureusement que cette mauvaise foi ne peut nous faire illusion ; on n'a rien à nous apprendre sur le sens du mot liberté. La liberté n'est pas le droit de faire tout ce qu'on veut et tout ce qu'on peut. Elle donne la possibilité d'exercer ses facultés sans nuire à l'essor des facultés du prochain. Quant à cette émancipation qui n'est que la licence et le désordre, nous l'avons depuis longtemps. La société nous fournit à profusion tous les moyens de nous perdre. Si nous ne sommes point en puissance de mari, nous pouvons nous livrer à toutes les folies, nous pouvons donner le spectacle de tous les scandales ; nous sommes autorisées même à rouler jusqu'au dernier degré de l'abjection, le trafic de la personne humaine. (Page 25)

ADÈLE

Dans une société bien organisée, la femme honnête ne doit elle pas se tenir à l'écart?

JEANNE

Echo du frère Paul !

MADEMOISELLE

Maria Deraismes nous dit :

« Notre société est si sagement organisée qu'elle laisse toute l'action à la femme de mauvaises mœurs, et aucune à la femme de bien. Qu'une femme monte sur des tréteaux, qu'elle démoralise, qu'elle déprave, qu'elle corrompe le public par sa tenue, ses gestes, ses propos, elle recueille des encouragements, des applaudissements ; on lui fera des ovations, de tous les coins de l'univers, on viendra pour l'entendre ; on la déclarera même une grande *artiste*, une *diva*.

« Mais qu'une femme monte sur une estrade pour parler morale et vertu, toutes les railleries se tournent contre elle. Je me demande si l'on ne serait pas moins insensé à Charenton. Quand il me tombe sous les yeux ces critiques, ces persiflages, ces épigrammes lancés à l'adresse des femmes, je m'étonne que des gens qui se piquent de bon sens et qui ont la prétention d'éclairer les autres, se complaisent à soutenir ces idées vieillottes et à se ranger dans le camp des caducs et des surannés; je m'en afflige pour eux, je les trouve au moins très imprudents. Je leur demanderais très volontiers :

« Mais vous êtes donc des générations spontanées ? vous êtes donc nés à la façon des rotifères et des infusoires : vous êtes donc venus au monde sans mère ? car il me semble maladroit, absurde, de parler avec tant de mépris d'un sexe qui entre pour la moitié dans votre façon ». (Page 26).

Et Maria Deraismes finissait cette conférence, à laquelle elle avait donné ce titre : *la Femme et le Droit*, par ces paroles :

« Tant qu'un seul intérêt sera lésé, il n'y aura pas de droit, le régime du privilège ne cessera d'être en vigueur, et le perfectionnement social sera indéfiniment retardé ». (Page 27).

Maria Deraismes, mes chères filles, a défriché un dur terrain et elle a été le bon semeur. Elle n'a point vu la moisson, mais c'est à elle néanmoins que nous la devons. Sans elle, tous les efforts actuels resteraient infructueux, et lorsqu'une personne simpliste demande naïvement : « Mais qu'a-t-elle donc fait, Maria Deraismes ? » nous pouvons répondre hardiment : « Elle a fait que nous pouvons faire ce que nous faisons ».

MARTHE

Que j'aurais voulu la connaître !

JEANNE

Mademoiselle, nous continuerez-vous vos entretiens sur Mlle Maria Deraismes ?

MADEMOISELLE

Oui, mes enfants, puisque je vois que vous vous intéressez à ses enseignements et qu'elle ne prêche pas dans le désert.

DEUXIÈME ENTRETIEN

MARTHE

Ma bonne, quelle question Mlle Maria Deraismes traitera-t-elle aujourd'hui ?

MADEMOISELLE

Ce sera : *La Femme dans la Famille*.

MARTHE

Oh ! c'est un point bien intéressant aussi : certes, la femme n'a pas dans la famille la place qui lui revient, et j'ai toujours pensé que c'était ce qui amenait la discorde dans les ménages.

ADÈLE

Ah ! mais le mariage protège la femme :

JEANNE

Oui, comme le geôlier protège le prisonnier.

MADEMOISELLE, *souriant*

La félicité, en effet, ne saurait exister dans un intérieur où la femme se trouve infériorisée vis-à-vis du mari, de par son éducation, de même que par les lois. « Cette situation et cette éducation subalternes, nous dit Maria Deraismes, diminuent les chances de bonheur du ménage. Toute une sphère d'idées est mise à l'écart. Chacun y perd: la femme se rétrécit l'esprit, et l'homme ne modifie pas le sien.

» La femme a souvent de bonnes raisons à faire valoir ; il est regrettable que, faute d'une instruction approfondie, elle manque de puissance pour les exprimer.

» Un paradoxe, un argument spécieux la déconcerte. Dans la discussion, elle a presque toujours le dessous, bien que soutenant une bonne cause. Le mari est vainqueur à peu de frais, même s'il a moins d'esprit naturel que sa femme. Du reste, lui-même sent bien la faiblesse de son triomphe et en est médiocrement satisfait. Son amour-propre est bien autrement flatté quand il répond à l'objection sérieuse d'un adversaire digne de lui.» (Page 62)

MARTHE

L'homme ne souffre-t-il pas moralement de ne pouvoir communiquer ses pensées à sa compagne, ne pouvant être compris d'elle ?

MADEMOISELLE

Ecoutez cette réponse :

« Toute personne humaine aime à vivre avec ses pairs, c'est-à-dire ses pareils, en éducation, en savoir. La différence d'apport intellectuel et scientifique chez les époux rompt l'équilibre ; un malaise s'empare de l'un et de l'autre et notamment du mari ; il est dans l'isolement de l'esprit, dans la solitude de la pensée. La plupart des questions qui l'intéressent ne sont même pas soupçonnées par sa femme ; il y a communication d'intérêt, il n'y a point communion d'idées ; il y a estime, il ne peut y avoir complète sympathie ; il manque quelque chose à la vie du foyer. Sous le même toit, à la même table, on se sent incompris et étrangers sur une foule de points.

» Le dialogue entre les époux se bornera à des détails d'intérieur, les préoccupations étroites du budget, les soucis de l'entretien d'une maison, enfin les tiraillements de la vie de ménage. Ce fonds épuisé, on ne desserrera plus les dents. » (Page 63.)

JEANNE

Quelle existence enviable !

MADEMOISELLE

Notre apôtre ajoute :

« On me fera justement observer que cette inégalité de culture cérébrale n'existe pas dans le prolétariat, ce qui n'empêche pas l'homme de se croire supérieur et de concevoir un certain mépris pour le féminin. La raison en est simple, c'est qu'il n'a nul souci d'instruction et a toute estime pour la force musculaire. A son défaut, le seul fait d'être du sexe fort constitue à ses yeux une prépondérance légitime. La vieille théorie de l'élément mâle prépotent provoque chez lui le besoin d'être avec ses *égaux*. De là, le désir d'aller au dehors, d'être entre *hommes*. La *great attraction*, suivant les milieux et les catégories, est le cabaret, le café ou le cercle. Ce besoin impérieux d'aller chercher ailleurs ce qu'on croit ne pas trouver chez soi, cette soif du dehors d'où ressortent les habitudes du jeu, de la débauche, de l'ivresse, sont les éléments de la dislocation familiale ». (Page 63).

JEANNE

Mais, ma bonne, en vérité, le prolétaire aurait autant besoin d'instruction morale que la femme d'instruction intellectuelle.

MADEMOISELLE

Evidemment. Maria Deraismes continue :

« La famille renferme un vice radical. Ce vice radical détruit le bonheur et la prospérité privés. Lorsque le bonheur est en souffrance, toute la société tombe dans un état maladif.

» Ce vice radical, c'est l'infériorité conventionnelle de la femme. Nous avons appuyé suffisamment sur ce point. Eh! bien : imaginons, maintenant, un ménage, puisque c'est toujours par là qu'il faut commencer, le mariage étant la pierre angulaire de la famille, imaginons, dis-je, un ménage où la femme soit l'égale du mari. Là, les différences ne sont que physiques et les similitudes sont intellectuelles et morales. Il y a alors équivalence de devoirs et de droits.

» Cette union ne présentera pas l'absorption d'un être par un autre, mais une association où chaque associé garde sa personnalité distincte et sa volonté.

» Dans le mariage tel que nous le pratiquons, une personnalité l'emportant sur l'autre, il s'ensuit que l'union est plus une diminution qu'une augmentation sociale, puisqu'on réduit deux êtres à un seul.

» Le mariage tel que nous l'entendons, serait, au contraire, une addition en même temps qu'une adjonction, c'est-à-dire la fusion de deux personnes, qui sont deux forces, convergeant au même but, avec tout l'essor de leurs facultés. De cette addition, de cette fusion surgit, indépendamment de la procréation, un fait nouveau, une œuvre morale. Et lors même que des enfants ne surviendraient pas, chose qui peut arriver, le mariage ne serait pas pour cela une association stérile.

» Le mariage comme nous le comprenons, comme nous le voulons, doit s'accomplir suivant la loi sentimentale et rationnelle, nous représentant sous notre double aspect. L'égalité de l'enseignement amènera dans le ménage une sorte de camaraderie à laquelle se joindra un sentiment pénétrant et plus tendre. L'homme instruit, de retour au foyer, aura à qui causer de ses affaires, de ses travaux ». (Page 69).

JEANNE

Et, ma bonne, avant de se marier, l'instruction étant égale, la jeune fille pourra se rendre compte de l'intellect de celui qu'elle épouse.

MADEMOISELLE

Cela est désirable, l'homme se rendant compte qu'il sera jugé, fera des efforts pour que ce jugement soit favorable. Mais reprenons :

« Pendant le temps qui précède le mariage, l'instruction des jeunes fiancés étant de niveau, il leur est plus facile, dans leurs entretiens, d'accuser leur caractère ; les idées qu'ils échangent en seront, en effet, l'expression. Tandis qu'au contraire, plus il y a de banalité dans les sujets, moins les opinions et les manières de voir se révèlent ; on est sur un terrain commun où tous tombent d'accord. » (Page 70).

MARTHE

Ma bonne, la jeune fille plus instruite ne sera-t-elle pas plus digne envers elle-même ?

MADEMOISELLE

Voici qui vous répond :

« La jeune fille instruite au même degré que l'homme qu'elle a choisi, a le sentiment de sa dignité. Sa vertu est un produit de la connaissance et non de l'ignorance ; se conduisant suivant les principes de la raison, elle n'admettra pas deux codes de morale ; elle exigera que les actes de la vie passée de son fiancé soient conformes à la loyauté la plus rigoureuse. Elle déclarera injuste, inique, qu'un homme de mœurs licencieuses s'arroge le droit de mépriser sa complice, tandis qu'il obtient partout la considération. Si un jour l'un de ces hommes à bonnes fortunes, las de ses succès et de ses excès, venait lui demander sa main, elle saurait lui dire elle-même : « Monsieur, on a beaucoup trop parlé de vous. Le monde que vous avez préféré n'est pas le mien, nos principes diffèrent. Un mariage est impossible entre nous ». Et si cet ancien beau, ce séducteur émérite essuyait plusieurs refus de ce genre, cette déception lui ferait faire un retour sur lui-même avec accompagnement de salutaires réflexions.

» Quant aux jeunes gens dans le même cas, la leçon leur profitera. S'apercevant qu'ils peuvent compromettre leur établissement, ils tenteront quelques efforts pour régulariser leur conduite ». (Page 71).

JEANNE

Je comprends. La dignité de la jeune fille relèvera la dignité de l'homme.

MADEMOISELLE

L'homme rougira d'être moins digne que sa compagne, capable de l'apprécier. Je cite Maria Deraismes :

« Sans nul doute, il y aura toujours des faiblesses, des défaillances, mais non pas cette débauche de parti pris convertissant en loi la transgression de la loi, érigeant en droit le mépris du devoir. Un mariage fait dans les conditions normales réunit, autant que faire se peut, toutes les chances de bonheur. L'infériorité disparue, il y a, malgré l'intimité, plus d'égards, plus de politesse; les droits étant égaux, les susceptibilités sont les mêmes, les ménagements sont réciproques. Le ton impérieux n'est plus de mise, nul n'est exploité que s'il y consent.

» Le mari ne se figure plus qu'il lui appartient de violer le serment conjugal sans entacher sa réputation d'honnête homme. Il ne croit plus que l'oubli des promesses, l'inconstance des sentiments, le caprice, soient une preuve d'indépendance et de force de caractère. Il saura que l'inconstance est une débilité de la raison, une infirmité du cœur. Il comprendra, au contraire, que le respect des engagements est la manifestation de la supériorité humaine sur toutes les autres espèces. Aimer aujourd'hui ce qu'on aimait hier, jurer qu'on l'aimera les jours suivants, c'est affirmer l'infaillibilité de son jugement, c'est avoir conscience de la libre action de sa volonté, c'est prouver qu'on est en pleine possession de soi-même ». (Page 71.)

ADÈLE

Mais, Mademoiselle, on dit qu'un homme doit beaucoup s'amuser, étant garçon, pour pouvoir être raisonnable étant marié.

JEANNE

Ce sont les garçons qui font croire cela aux femmes.

MADEMOISELLE

C'est comme si vous disiez, ma chère Adèle, que pour être honnête homme, il faut d'abord avoir porté préjudice à son prochain et être fatigué de ses propres indélicatesses. Mais reprenons :

« L'égalité des deux époux est une garantie pour la sécurité de la maison, car l'un des deux conjoints aura le droit de s'opposer aux folies de l'autre ; on ne verra plus l'homme compromettre sa santé, sa fortune, son avenir, celui des siens, dans des liaisons indignes, dans des alliances honteuses. La postérité n'en sera que plus saine de corps et d'esprit ; lui-même sera beaucoup plus heureux et saura mettre le bonheur à sa vraie place.

» Tout amour en dehors de la famille est incertain, précaire, nuisible ; il n'est propre qu'à engager l'avenir, et le plus souvent à le perdre ». (Page 72).

MARTHE

Entre deux personnes s'estimant à la même valeur, vivant ensemble, il doit y avoir une grande force d'attachement.

MADEMOISELLE

Sans doute, et l'homme ne dédaignant plus sa compagne, son estime et son affection s'en accroîtront d'autant. Voici ce qu'en pense Maria Deraismes :

« La plus grande compensation aux déboires de la vie est de se reposer sur une affection solide, capable de tous les dévouements à tous les instants de la vie, affection renforcée par la communauté des idées, des sentiments, des intérêts.

» Peu sont appelés à la fortune, à la réputation, à la gloire ; tous sont conviés aux joies du cœur. Et si quelques unions contractées en dehors du mariage obtiennent parfois l'estime publique et ont rencontré le bonhenr, c'est qu'elles ont emprunté les principaux caractères de cette institution, à savoir : la fidélité et le mutuel dévouement.

» Du reste, les productions de l'âme humaine n'atteignent une véritable grandeur qu'en revêtant un caractère immuable, impérissable, éternel. En insistant ainsi sur le mariage, j'ai voulu faire bien comprendre que toute l'économie familiale dépend des conditions dans lesquelles il s'accomplit. On reconnaît presque unanimement que la femme représente la famille, le foyer, la maison ? L'intérieur vaudra ce qu'elle-même vaut. Si la femme est ignorante, le souffle intellectuel ne traversera jamais la maison ; si, au contraire, elle est instruite, le foyer rayonnera et donnera une large hospitalité à toutes les choses de l'esprit.

» Le mariage ainsi constitué est un milieu favorable à l'éclosion de la famille et à son développement. Les enfants arrivés à l'âge de la connaissance, sont témoins d'une organisation établie sur la justice. Avant toute instruction élémentaire, par l'exemple qu'ils ont sous les yeux, ils apprennent la saine notion de l'égalité et du droit. Rien ne choque leur jeune conscience ; l'arbitraire n'existe pas pour eux. Mais dans les conditions actuelles, que peut être l'éducation des garçons ? Tout petits, ils s'enorgueillissent déjà de leur sexe et entrent en fureur quand on les prend pour des filles ». (P. 73).

JEANNE

A charge de revanche ; je m'estime autant qu'un garçon... :

ADÈLE

Oh ! Jeanne !

JEANNE

Frère Paul... frère Paul...

MADEMOISELLE

La mère, instruite, instruira ses enfants, qui l'apprécieront davantage. Maria Deraismes en juge ainsi :

« La mère, instruite, inculquera les rudiments de la science sous des formes appropriées au jeune âge de ses élèves ; elle prendra les plus attrayantes, instruira en n'ayant l'air que de répondre et d'expliquer simplement ce qu'on lui demande. Instruire les enfants en les amusant avec des faits réels appartenant à l'histoire, c'est la meilleure méthode préparatoire aux études définitives.

» Une telle mère, joignant aux charmes naturels les qualités de la raison et du savoir, prendra sur ses enfants un empire immense autant que salutaire. Comme elle agira en pleine connaissance de cause, ses remontrances ne tomberont jamais à faux, parce qu'elle connaîtra bien les points où elle reprendra ; la justesse de ses vues ne sera point enfermée par le manque de savoir ». (Page 75).

MARTHE

Une telle mère serait reine à son foyer.

MADEMOISELLE

Maria Deraismes en juge ainsi :

« Ses fils ne diront pas seulement : « Combien notre mère est bonne et tendre ! » Mais ils ajouteront aussi : « Combien elle est intelligente, instruite ; comme il est bon et utile de la consulter ! » Organe spécial de la morale au foyer, la femme ne doit pas seulemsnt la baser sur le sentiment, mais aussi sur la science. La famille ainsi constituée vivra donc dans une atmosphère intellectuelle, dans un même courant d'idées. Cette société en miniature va préparer la grande, elle a en elle tous les germes sociaux : justice, égalité, droit, liberté, solidarité. Voici l'école toute faite ; une nation forte en sortira.

» A l'opposé, lorsque vous admettez la hiérarchie arbitraire dans l'éducation, époux, épouses, fils, filles, frères, sœurs présentent autant d'éléments de discorde qui se reproduisent dans la société, considérablement grossis et généralisés. Quand un principe de conduite n'est pas celui de tous, il n'a plus aucune valeur. » (Page 75).

Voilà, mes chères amies, ce que pensait Maria Deraismes de l'influence de la femme dans la famille, si des idées plus libérales lui permettaient une instruction, seulement égale à celle de son mari.

JEANNE

J'ai entendu dire que les hommes supérieurs

avaient été élevés par des méres intelligentes, instruites, et que c'était à elles qu'ils devaient leur supériorité.

Pourquoi donc entretenir l'ignorance chez les femmes ?

MADEMOISELLE

Par l'ignorance de la femme, l'homme assure sa domination ; il préfère la soumission aveugle à l'intelligence éclairée ; ne se rendant pas compte que les charges de la famille seraient moins lourdes si sa compagne pouvait lui donner, le cas échéant, un conseil judicieux.

A bientôt, mes chères amies, notre troisième entretien.

TROISIÈME ENTRETIEN

MADEMOISELLE

Aujourd'hui nous parlerons de *La Femme dans la Société.* Notre propagandiste, mes chères amies, en donne une explication que je vous engage à méditer :

« Par le seul fait de l'asservissement de la femme, la famille ne peut remplir sa destinée. La famille n'accomplissant pas sa destinée, la société ne peut accomplir la sienne.

» Qu'est-ce que la société?

» La société, c'est l'humanité organisée, la société ne désigne pas seulement la valeur numérique de la totalité de l'espèce, la somme des individus, mais elle est l'expression des rapports qui s'établissent entre eux et des échanges physiques, matériels et moraux qui en résultent. Elle reproduit, dans son ensemble, les facultés que lui fournit chacun des membres qui la composent; et sa fonction consiste à les coordonner, à les exploiter au profit de chacun et de tous, le but qu'elle poursuit étant son développement et son perfectionnement par le développement et le perfectionnement des individus. Ici ce qu'on entend par développement et perfectionnement dans le sens le plus élevé, est la connaissance de la nature des choses et des lois qui les régissent. Cette pénétration de l'univers permet à l'humanité de se mettre en harmonie avec ses milieux et d'atteindre ses fins. Mais, pour toucher à ce but supérieur, la première condition est de bien classer la collectivité, car l'ordre social ne peut être obtenu que si chaque être occupe la place que lui a assignée la nature, et s'il y trouve le moyen de donner à ses facultés tout l'essor qu'elles comportent, afin de procurer à la société le contingent qu'elle réclame de ceux qui en font partie, en échange des avantages qu'elle leur offre.

» A l'encontre, si, par ignorance ou par préjugé, l'estimation faite de la valeur des individus, l'appréciation portée sur leur caractère, leurs capacités, leurs tendances, est contraire à la réalité, la distribution des fonctions devient absolument arbitraire, c'est-à-dire non conforme à leur constitution, leurs aspirations et leurs destinées. Les rapports sont faussés et la société évolue anormalement ». (Page 77).

MARTHE

Ma bonne, en a-t-il toujours été ainsi?

MADEMOISELLE

Maria Deraismes continue :

« C'est ce qui frappe notre esprit dans l'étude des sociétés modernes comme dans celle des sociétés anciennes, malgré les progrès partiels qu'elles réalisent incontestablement dans l'ordre inférieur.

» Toutes celles qui nous ont précédées, soit en Orient, soit en Occident, n'ayant été organisées et classées que sous l'empire d'idées fausses, se sont trouvées en défaut avec la loi naturelle, et elles ont porté en elles les germes de leur désagrégation.

» Elles n'ont toujours usé que d'une moitié de virtualité ; elles ont donc été facilement épuisées, ne mettant en jeu qu'une partie de leurs ressources. Elles ont conservé encore, à un degré intense, la folie guerrière, destructive, qui est la caractéristique masculine par excellence, la femme étant née génératrice, productrice et conservatrice de son œuvre.

» Malheureusement, façonnée dans un moule de convention, dénaturée dans son type spécifique par une éducation étroite et erronée, matée par les lois, la femme a perdu ou du moins laissé engourdir, sauf de rares exceptions, ses belles qualités géniales ; son intelligence, par l'ignorance qu'on lui a imposée, est dépourvue d'initiative ; elle a fini par partager les préjugés de ses oppresseurs. La femme spartiate est un spécimen du genre ». (Page 78).

JEANNE

Mais, ma bonne amie, la femme se plaît donc

bien dans l'esclavage pour ne pas essayer d'en sortir?

MADEMOISELLE

Ecoutez :

« Certainement, elle n'a pas été sans réagir à diverses époques et à prouver, par des actes de haute portée, ce dont elle était capable. Mais ces efforts, n'ayant jamais été qu'individuels au lieu d'être collectifs, il n'en est rien résulté de décisif.

» C'est donc ainsi que l'un des deux facteurs de l'humanité ne fournissant pas l'apport nécessaire à l'évolution sociale, la société demeure en souffrance.

» Cet apport est de deux natures. D'une part, il coopère à l'œuvre collective par une activité particulière ; de l'autre, il transmet, par voie d'hérédité, les principes d'ordre universel. Car, comme nous l'avons fait observer, la société n'est pas seulement une agglomération d'individus, de familles et de groupes se livrant à un mutuel échange pour subvenir aux besoins matériels, et restant étrangers pour tout le reste ; c'est un tout mû par une communauté d'idées et de sentiments, visant à atteindre un but supérieur ; sans quoi, il serait facile de concevoir que la multiplicité des intérêts et la diversité des besoins sont plutôt faits pour amener des différends, des désaccords, que la bonne entente et l'harmonie. » (Page 79).

MARTHE

La femme, inférieure à l'homme en tant qu'éducation, n'exerce-t-elle pas une influence déprimante sur lui?

MADEMOISELLE

L'intellect de la femme a forcément une répercussion sur l'intellect de l'homme, en amoindrissant celle-là, celui-ci en ressent le contre-coup.

« Qu'on le sache bien, affirme Maria Deraismes, tout ce qui n'a pas été déposé dans le cerveau de la femme et qui n'a pas été cultivé et développé, n'existe qu'à la surface dans le cerveau de l'homme.

» De là l'absence, en société, d'unité cérébrale, d'unanimité intellectuelle provenant d'une culture philosophique largement appliquée à tous.

» Ici, quand je dis philosophie, je n'entends pas un système métaphysique traitant de l'origine de l'univers et de ses fins, et ne donnant que des hypothèses toujours contestables, mais une habitude de l'esprit de généraliser, c'est-à-dire de ne rien considérer dans un sens absolument exclusif et particulier, la vie sociale exigeant, de la part de ceux qui la pratiquent, des vues d'ensemble et des notions de solidarité universelle. La philosophie est la science des principes. Elle les découvre par l'emploi des deux méthodes déductive et inductive. » (Page 82).

JEANNE

La société ne s'en trouverait-elle pas mieux, si la femme prenait part au travail public ?

MADEMOISELLE

Dans les moments difficiles, la femme a toujours apporté un concours souvent salutaire. Voici l'opinion de notre grande féministe :

« L'élimination de la femme, dans la gestion des intérêts généraux, cause un dommage considérable aux nations et entrave leur marche.

» Et, hormis certaines écoles socialistes, et en tête le saint-simonisme et le fouriérisme, les hommes d'Etat réputés les plus fameux n'ont été ni assez observateurs, ni d'assez bonne foi pour reconnaître par où leur système pèche. C'est à croire qu'ils ignorent l'histoire. Jamais, cependant, dans les terribles crises qu'a traversées l'humanité, la femme n'a manqué de fournir son contingent souvent décisif. A divers intervalles, elle a montré brillamment ce dont elle était capable. Entraînée par la nécessité de l'évolution, surexcitée par le tragique d'une situation extrême, elle accomplit spontanément, douée d'une force intuitive, des actes de première grandeur. » (P.83).

JEANNE

Ma bonne, s'il me fallait vaincre des difficultés, il me semble que la lutte ne m'effraierait pas.

ADÈLE

Quelle amazone !

MADEMOISELLE

C'est le cas de bien des femmes, ma chère Jeanne, combien de positions ont été conservées par le courage de celles-ci. Maria Deraismes nous cite plusieurs femmes célèbres :

« Les Elisabeth, les Catherine II, les Marie-Thérèse, et tant d'autres, n'ont-elles pas gouverné avec gloire ? Et si l'on eût mis quelque héritier mâle à leur place, n'est-il pas supposable qu'il n'eût pas atteint la même hauteur ? Examinez l'histoire générale et vous verrez que, sur trente souverains appartenant au sexe *dit noble*, il y en a à peine cinq de capables. Il devient alors extraordinaire que, sur le petit nombre de femmes parvenues au trône sans avoir, remarquez-le bien, été l'objet d'un choix et d'une sélection, plusieurs se soient révélées politiques de génie.

» N'est-il pas singulier que, dans une des situations de la vie où il faille déployer le plus d'énergie, le plus de volonté et le plus de profondeur de vues, la femme ait été, pour le moins, l'égale de l'homme ? Et, chose curieuse, c'est que la femme ayant atteint de temps à autre la dignité suprême, royauté, empire, impliquant l'exercice de la puissance absolue, elle n'ait été nulle part électeur. Une seule explication est possible : dès que la logique est bannie, l'inconséquence a le champ libre. » (Page 83).

MARTHE

La femme n'a-t-elle pas été persécutée comme l'homme ?

MADEMOISELLE

C'est ce que Maria Deraismes fait remarquer :

« De tout temps, elle a été, à l'occasion, pendue, décapitée, torturée, brûlée, massacrée, ce qui n'est pas plus doux que la guillotine. On n'a pas attendu Quatre-vingt-treize pour lui donner l'égalité dans les supplices. C'est la seule dont elle puisse se vanter jusqu'à ce jour. Il a été généralement reconnu que la femme a une tendance naturelle au dévouement, une disposition à s'oublier elle-même pour ceux qu'elle aime. Propension admirable et féconde dans la chose publique. Mais, tout justement, comme nous l'avons fait observer, la femme est éliminée de la politique. Aussi, par un sentiment de dignité instinctive, méprise-t-elle la politique comme viande creuse. Elle reporte alors, exclusivement, dans la famille, ses aspirations affectives. Elle ne connaît que les siens, ne se soucie que des intérêts de sa maison. Elle se persuade même que, pour les amener à bien, il suffit de se concentrer sur eux. Sa raison, privée de large culture, rétrécit son jugement et l'empêche de percevoir les rapports, les relations et les enchaînements qui existent entre l'ordre privé et l'ordre social. La solidarité universelle, considérée comme loi, la laisse incrédule. La grande conception sociale lui échappe parce que toutes les idées appartenant à la catégorie généralisatrice lui font défaut, par l'étroitesse du programme éducateur qui lui a été imposé. Rien, dans la suite, ne supplée à cette indigence. » (Page 84).

MARTHE

Les femmes n'ont pas toujours été indifférentes aux sciences, les dames de la cour de Louis XIV n'étaient-elles pas très instruites ?

MADEMOISELLE

Oui, une femme connaissant les langues mortes n'excitait aucun étonnement. Aujourd'hui, on croirait que sous ce rapport le progrès, pour la femme, va à reculons. Maria Deraismes nous dit à ce sujet :

« Au siècle dernier, les salons tenaient lieu aux femmes du monde des études qui leur manquaient ; avec cette admirable faculté d'assimilation dont elles sont douées, leur intelligence s'était approprié une somme de connaissances suffisantes pour exercer une action considérable sur la société d'alors. La conversation, forme vivante et attrayante de l'enseignement, s'emparait de tous les sujets ; philosphie, science, politique, lettres, étaient traitées simultanément avec compétence, verve et chaleur. Les femmes ne restaient indifférentes à aucune de ces effervescences de la pensée humaine. C'était dans les salons que se manifestait le luxe intellectuel et que s'établissaient les relations supérieures de l'esprit ; les correspondances les plus intéressantes et les plus élevées en étaient la conséquence. » (Page 85).

JEANNE

Cette influence des salons n'est-elle pas tombée, ma bonne ?

MADEMOISELLE

Presque entièrement.

« Les mœurs de la mondanité moderne s'étant modifiées défavorablement par l'installation des cercles et l'introduction du cigare, l'action des salons devient nulle. Et c'est ainsi que sur aucun terrain les femmes ne sont initiées à la philosophie des choses. Elles se confinent dans l'espace étriqué de la famille et des petits groupes, et se croient très pratiques. C'est ainsi qu'elles comprennent qu'on se sacrifie pour des personnes, et qu'elles estiment insensé qu'on se dévoue à des idées.

» Tout ce qui ne s'incarne pas et ne s'individualise pas, tout ce qui n'est pas quelqu'un, les laisse indifférentes et froides. Et ce n'est pas leur faute, mais celle de leur sotte éducation. On leur a d'abord imposé des croyances sans leur permettre de les raisonner : elles ont donc perdu le goût du libre examen. Libérées, plus tard, des époques de fanatisme où l'exaltation avait toute prise sur leurs cerveaux peu exercés, elles sont tombées dans une positivité d'esprit qui les garde de tout enthousiasme, qu'elles considèrent, d'ailleurs, comme les écarts d'une imagination mal réglée.

» Elles veulent ignorer à quel point on peut se passionner pour une idée que l'on croit une vérité, et qu'on poursuit avec un acharnement sans égal ; vérité qui vous envahit, vous possède plus que tous les autres sentiments, car elle est éternelle et survit aux individus et aux générations. Ce qu'elle était avant vous, elle le sera encore après vous, et votre esprit espère la rencontrer dans une vie meilleure à l'état de réalisation. Prenons, par exemple, l'idée de liberté pour un peuple, d'indépendance pour un pays. Cette idée est si forte, si puissante, que rien que pour la proclamer et la répandre, les âmes généreuses compromettent leur propre liberté et leur sécurité personnelle.» (Page 84.)

JEANNE

N'y a-t-il pas eu pourtant des femmes qui se sont distinguées comme citoyennes ?

MADEMOISELLE

Certes, mais ce ne pouvait être que dans des circonstances graves où, les sentiments étant surexcités, le caractère de la femme se trouvait en évidence.

« Mais cette poussée spontanée, nous dit très bien Maria Deraismes, produite par la surexcitation d'un milieu passionnément agité, est de courte durée. Sans lien avec le passé vécu, sans préparation mentale antérieure, elle ne dispose d'aucun élément de continuité, et le grand effort fait est bientôt suivi de lassitude et d'apathie. L'habitude de l'esprit n'est pas contractée, et les femmes abandonnent les hautes préoccupations, finissant par les juger nuisibles à leurs intérêts domestiques.

» C'est ainsi que les tendances de dévouement qui caractérisent les femmes, comme nous venons de le dire, se convertissent en égoïsme, égoïsme à plusieurs, s'entend. La société se scinde alors en petits groupes qui ne pensent et n'agissent que pour eux.

» Il y a antagonisme entre la vie familiale et la vie nationale. Chaque famille voudrait tout tirer de la société et lui donner le moins possible. » (Page 87).

ADÈLE

Mais, Mademoiselle, il faut bien que la femme pense à sa famille.

MADEMOISELLE

Ce n'est pas moi qui y contredirai, ma chère enfant, mais il serait désirable que ce fût avec intelligence et sans égoïsme. Maria Deraismes fait cette remarque :

« La femme n'admet qu'on s'occupe de politique que lorsque celle-ci offre une carrière avantageuse pour l'un des siens. S'il n'a de chance que de demeurer simple citoyen, simple électeur, ne devant bénéficier d'aucune part de profit ni de grandeur, pourquoi prendrait-il tant de soucis des affaires du gouvernement ? Ne pourrait-il pas même, en déployant trop de zèle, nuire à ses intérêts, à ceux de ses enfants ? Ah ! s'il s'agit de la députation pour son mari, son fils, son frère, elle change d'avis et devient tout feu et tout flamme. Elle entrevoit là un but positif qu'elle est anxieuse d'atteindre. Elle se livre à une propagande effrénée ; au besoin elle rédigera les discours ; aucune polémique ne lui coûtera. Mais ici, elle ne dépense tant d'activité, tant de bon vouloir, que *pro domo sua*.

» Et pour réunir plus de chances de succès dans l'élection, s'il faut dévier quelque peu de la ligne qu'on avait suivie jusque-là et faire une évolution habile, la femme sera la première à engager son mari à l'effectuer. » (Page 87).

MARTHE

Ma bonne, ce n'est pas à l'honneur des femmes ce que dit Mlle Maria Deraismes.

MADEMOISELLE

Ecoutez ce que dit cette grande logicienne :

« La femme éliminée des études transcendantes, la femme exclue de l'état-major de toute direction humaine, finit par douter de la valeur des choses qu'on lui interdit de connaître. Elle les prend en un certain dédain. Philosophie et politique lui paraissent l'objet d'opinions controversables et contradictoires, et les nombreux avatars des hommes, les démentis qu'ils se donnent à eux-mêmes, dans leurs écrits et leurs actes, la fortifient encore dans ce jugement. Tout ce qui s'appelle femme sensée, soucieuse de mener à bien les intérêts de sa maison et de sa famille, croit de la plus haute sagesse de ne pas s'occuper de ces questions propres à compromettre l'avenir des siens et d'en détourner ceux-ci. Fidèle à son programme et à la mission qui lui a été imposée, elle reste dans la sphère positive des faits, et elle se défie des théories. Elle n'estime que ce qui est susceptible de se convertir en résultat palpable ; honneurs, richesses, réputation. Parquée au foyer, elle veut la prospérité domestique et est contraire à tout ce qui y fait obstacle. Pour elle, philosophie, politique, art, littérature ne sont que des moyens ; et s'ils sont infructueux, elle les appelle rêves, utopies. Les conséquences dommageables de cet antagonisme établi entre l'esprit familial et l'esprit social sont flagrantes.

» Si, d'une part, la femme du foyer inculque l'individualisme à son entourage, de l'autre, la femme en dehors de la famille, c'est-à-dire celle qui se classe dans le monde irrégulier, s'efforce de vivre au détriment de l'organisation domestique et de l'organisation sociale. La première sème l'égoïsme, la seconde, la corruption.

» Ainsi, ces deux types de femmes, de bonnes et de mauvaises mœurs, contribuent, par des manières d'être opposées, au dérangement du plan général et à l'ajournement indéfini du progrès. » (Page 89).

MARTHE

Cet aveuglement de la femme, ma bonne, ne peut-il pas porter préjudice au pays ?

MADEMOISELLE

Vous touchez à la politique, Marthe, et vous avez raison, aucune femme ne devrait s'en désintéresser. Sur ce point Maria Deraismes pense que :

« La politique, privée des principes élevés que doivent lui fournir les conceptions supérieures, reste un tissu d'intrigues tramées par les multiples compétitions. Et comme l'égoïsme et la corruption se généralisent avec les progrès matériels, la politique n'offre plus qu'un conflit de prétentions et d'ambitions personnelles de toute provenance. » (Page 90.)

Cette grande émancipatrice a conscience du danger que court la société et elle fait entendre des paroles sévères :

« Dégagées des préoccupations d'un ordre transcendant, les générations gravitent vers un idéal de plus en plus abaissé. Le fameux « Enrichissez-vous » de M. Guizot devient le cri de ralliement. Chacun ne songe qu'à une chose : se faire une position. Se faire une position n'est pas le mot exact, c'est une situation toute faite qu'on veut trouver sans peine, sans fatigue, sans lenteur.

» Plus l'industrie s'approprie les découvertes de la science et en applique les procédés, plus l'essor financier s'accentue, plus les masses aspirent à une vie sans efforts et sans luttes. C'est une course effrénée à la fortune, à la jouissance, à laquelle tous veulent prendre part. Ce qui est donc progrès d'un côté, au point de vue du bien-être, marque une déchéance de l'autre, au point de vue moral.

« Le monde de l'argent se confond avec le monde du plaisir ; le premier ne dépense d'activité que pour arriver au second. Or, c'est justement cette moitié de l'humanité déclassée, asservie par une législation injuste, qui cherche une compensation, sinon une revanche, dans le trouble des sens et des passions qu'elle provoque. Et je n'attaque pas seulement, ici, la société française, mais la société tout entière dans ses parties prétendues les plus civilisées. Telle est la flore d'une injustice initiale qui, à mesure que le progrès s'accentue dans le domaine scientifique, devient de plus en plus envahissante sur les degrés de l'échelle sociale, comme pour démontrer qu'un vice fondamental est à la base de la collectivité organisée, du sud au nord, de l'orient au couchant. » (Page 90.)

JEANNE

Nous vivons dans un joli temps !

MADEMOISELLE

L'intérêt, dans notre siècle, prime tout, qu'il soit question d'administration, de politique, d'industrie, on vous répond que les principes, la morale, la philanthropie n'ont rien à y voir.

« Or, dit Maria Deraismes, si la morale et la justice ne se trouvent ni dans l'administration, ni dans la politique, ni dans l'industrie, avouons qu'elles ne se trouvent nulle part. » (Page 92.)

MARTHE

Ma bonne, les jeunes générations, comme on dit, n'auront-elles pas un idéal plus élevé que la grossière satisfaction des sens ?

ADÈLE

Mais il paraît que c'est dans la nature de satisfaire ses sens.

JEANNE

Décidément, Adèle passe à l'état de reflet.

MADEMOISELLE

Certes, les idées généreuses devraient être l'apanage de la jeunesse, mais, comme le constate notre éminente critique :

« Oui, les jeunes gens ne manquent pas, mais il leur manque la jeunesse.

» Ce n'est certes pas la famille qui a pu les former, puisqu'elle leur a donné l'exemple de l'arbitraire ; chaque génération reflète ce qui lui a été enseigné par l'expérience. Eh dame ! à la longue, cela agit.

» Certes, il ne manque pas de critiques qui constatent cet état de choses. Mais savez-vous quelle conclusion on en tire ? C'est que la femme est un obstacle au progrès ; qu'elle est essentiellement réactionnaire et rétrograde ; que, de plus, sa coquetterie et son goût du luxe précipitent les décadences. Voilà ce qui se répète et s'imprime dans les journaux. Et les hommes qui ont empêché le cerveau de la femme de s'exercer et qui lui ont imposé, par une éducation arriérée, la superstition et l'erreur, se plaignent aujourd'hui de la récolte, lorsqu'ils ont fait la semence !

« Depuis le commencement du monde, s'imaginant suffire à tout, ils sont à la tête des affaires, ils légifèrent, constituent, organisent, rédigent des programmes, fondent des religions, propagent des doctrines, des systèmes, font des révolutions sans jamais lui demander son avis. » (Page 92.)

JEANNE

Alors, de quel droit se plaignent-ils ?

MADEMOISELLE

Et Maria Deraismes ajoute :

« Mais nous dirons aux hommes : « Si les choses se passent ainsi, c'est à vous qu'il faut s'en prendre. Vous êtes seuls responsables ; reconnaissez donc qu'à vous seuls, vous êtes insuffisants. Vous avez voulu refouler une force humaine : présentement elle vous fait échec. C'est vous qui par le rejet de la femme, votre collaboratrice, suivant la nature, avez préparé le milieu contre lequel vous récriminez et vous protestez aujourd'hui. (Page 92.)

« En diminuant la femme, vous vous êtes diminués, et la société est en déficit. Elle évolue dans des conditions anormales, n'étant pas en possession de toutes ses ressources. Il s'ensuit que les réformes qu'exige le progrès ne parviennent pas à s'effectuer. Les idées de patrie, de solidarité humaine et de perfectionnement qui composent le ciment de toute cité, n'existent qu'à l'état théorique, sans valeur pratique pour la généralité. Il ne faut donc pas s'étonner que l'injustice, l'immoralité et la guerre battent leur plein. » (P. 93.)

MARTHE

Ainsi l'homme préfère un état social inférieur à la reconnaissance des droits de la femme ! Quelle aberration !

JEANNE

C'est de l'égoïsme à courte vue.

MADEMOISELLE

Si l'homme comprenait ses véritables intérêts, la femme aurait bientôt, dans la société, la place à laquelle elle a droit.

Au revoir, mes chères petites, à notre quatrième entretien.

QUATRIÈME ENTRETIEN

MADEMOISELLE

Aujourd'hui, Maria Deraismes nous entretiendra sur ce sujet *La Femme telle qu'elle est*, et non déformée par les préjugés et le bon plaisir d'autrui.

Je laisse la parole à notre féministe :

« La tâche que je me propose de remplir est lourde, je ne me le dissimule pas. Je vous ai annoncé que je rétablirais la femme d'après le plan de la nature, que je lui restituerais son véritable caractère, que je dégagerais, enfin, la réalité de la fiction. J'ai annoncé encore que je voulais décharger la femme de toutes les accusations injustes, erronées dont on l'accable depuis des siècles. Je viens, forte de ma conviction, forte de mon expérience, et avec toute l'autorité de la certitude, vous affirmer que, depuis le commencement du monde — c'est ancien, comme vous voyez — l'humanité n'a eu qu'une fausse conception de la femme, qu'elle n'en a produit qu'une définition mensongère. Religions et philosophies ont également erré sur cette matière ; ni le brahmanisme, ni le judaïsme, ni le christianisme n'ont porté sur la femme un jugement conforme à la raison et à la vérité. Cela paraît hardi, on s'écriera ; « Quel aplomb ! » Mon Dieu, quelque audacieuse que soit cette assertion, je la soutiendrai ». (Page 133).

JEANNE

Mais pourquoi la femme s'est-elle laissé méconnaître?

MADEMOISELLE

La force musculaire induit l'homme en erreur, il se croit le maître, non l'ami de sa compagne.

Maria Deraismes l'explique ainsi :

« Dans les conditions où nous apercevons l'homme primitif, nous reconnaissons le règne de la force physique. de la force musculaire. L'homme a encore une intelligence rudimentaire, c'est vrai ; il lutte tous les jours contre les éléments, contre la faim, contre les bêtes fauves et aussi contre ses semblables. Cependant, à mesure qu'il combat, il conçoit une haute opinion de lui-même ; il se sent doué d'une faculté qui l'élève au-dessus de tout ce qui l'entoure : il a la puissance de combiner, de prévoir, de préméditer. L'animal, quelles que soient sa force et sa vigueur, ne peut disposer que de ses facultés, tandis que l'homme peut ajouter aux siennes des facultés étrangères, l'instrument, l'arme, car l'instrument est une arme ; il se dit alors : « Tout ce qui m'entoure est matière à conquête, je suis le roi de l'univers, ou du moins j'arriverai à l'être ! »

» L'homme s'imagine alors que les règnes de

la nature : minéral, végétal, animal, ont été créés pour sa satisfaction personnelle ; il ne dissimule même pas ses prétentions sur le système planétaire et céleste. « Tout cela, dit il, ne brille que pour moi, pour faire mûrir les fruits dont je me nourris. » Enfin il finit par se figurer que des dieux s'intéressent à son sort et même en sont jaloux. Aussi vous verrez à toutes les époques anthropogéniques, des hommes qui se disent descendants des dieux.

» Pendant ce temps-là, quel rôle joue la femme? Un rôle assez mesquin. Ce petit être, dit-on, est assez joli! Mais cette créature, moindre en taille, moindre en force, l'homme la range sous la loi générale, commune à tout ce qui l'entoure ; il la comprend parmi les bêtes dont il use, dont il abuse souvent. La femme pour lui est créée à son intention ; il n'admet pas la réciproque, car cela rétablirait l'équilibre : pas si sot ! « Elle a été créée pour moi », se dit-il. Elle n'acquiert de valeur à ses yeux qu'autant qu'elle parvient à lui plaire et à lui être utile. Il la dépouille complètement de tout caractère personnel ; elle n'a pas d'individualité ; c'est une chose qu'il pourra émonder et greffer à sa fantaisie. » (Page 136.)

Et notre conférencière appuie principalement sur cette proposition : « La femme a été créée pour l'homme », pour mettre à néant cette prétention qui a fait et fait encore tant de victimes.

« Quand nous verrons les développements des sociétés, nous pourrons constater, en effet, que la femme ne prend d'importance que dans ses contacts et ses rapports avec l'homme, qu'autant qu'elle est épouse et mère.

» Epouse et mère ! Qu'est-ce que cela signifie ? Mesdames, ne vous étonnez pas : il faut que je vous éclaire sur ce point.

» Cette façon d'exalter votre maternité n'est pas autre chose qu'une façon de vous rabaisser. Vous n'êtes quelque chose que parce que vous avez l'honneur, quelquefois, d'engendrer un homme, de porter un fils dans vos entrailles.

» Moi, Mesdames, je ne suis pas épouse, je ne suis pas mère, et je déclare que je ne m'en considère pas moins pour cela. Je suis femme, et cela me suffit.

» Mais a-t-elle jamais pu passer par votre tête cette idée folle de juger un homme sur sa progéniture ? Avez-vous jamais dit d'un homme : « Est-il époux ? est-il père ? » Nous autres femmes, nous avons comme vous, Messieurs, une force intrinsèque, une valeur personnelle, un mérite individuel : nous sommes un ensemble de facultés plus ou moins appréciables suivant l'étendue. Certainement l'œuvre génératrice n'est pas sans mérite. Elle assure à l'espèce humaine la perpétuité, une sorte d'éternité; elle implique de très grands devoirs, l'éducation, que sais-je? l'exemple du dévouement. Mais enfin, vous jugez un homme pour ce qu'il vaut. Vous dites ! « C'est un grand industriel, c'est un habile commerçant, c'est un homme politique. » Vous ne dites pas ! « A-t-il des enfants? est-il époux, est-il père? » Non, c'était réservé pour nous. » (Page 137).

JEANNE

Mais c'est vrai ! les vieilles filles sont considérées comme des non valeurs.

MADEMOISELLE

Pour mieux asservir la femme, on n'hésite pas à assimiler l'homme à un Dieu.

Maria Deraismes ajoute avec sa verve humoristique :

« Et comment voulez-vous que je considère comme un Dieu quelqu'un qui est comme moi, qui se nourrit comme moi, qui se mouche comme moi, qui est malade comme moi, qui se trompe comme moi et qui meurt comme moi? Jamais je ne pourrai voir un Dieu dans mon pareil, quand je me connais trop bien pour me croire Dieu moi-même ». (Page 141).

MARTHE

Ma bonne, n'y a-t-il pas eu un temps où la

femme était honorée et servie, à l'époque de la chevalerie, par exemple?

MADEMOISELLE

Maria Deraismes nous éclaire sur ces prétendus hommages rendus à la femme :

« Voyons maintenant ce qu'a fait la chevalerie. C'était une institution qui réservait un rôle brillant à la femme. Mais, ne nous faisons pas d'illusions ; la chevalerie ne nous a pas rendu autant de services qu'on l'a pensé généralement. Je dirai même qu'elle nous a nui en préparant les faux autels. La femme du moyen âge, la châtelaine, a fait son mari monseigneur ; elle était inventée surtout pour panser les blessures du chevalier ; c'est toujours l'idée de la femme charme, de la femme ornement, créée tout exprès et uniquement pour l'homme.

» En retour, le chevalier, il est vrai, en faisait la dame de ses pensées : il lui fallait une dame de ses pensées ; s'il n'en avait pas rencontré, il en aurait plutôt inventé une. Aussi voyez-vous Don Quichotte se précipiter sur le premier type vulgaire pour en faire la dame de ses pensées. Cela faisait partie du harnachement du chevalier ; il lui fallait son cheval, sa lance, son armure, son casque, et puis la dame de ses pensées. Dans les tournois, dans les fêtes, la femme du moyen âge couronnait le vainqueur ; elle était adorée, respectée ;

elle était la reine. Mais la cérémonie terminée, elle rentrait dans l'ombre en compagnie des tentures.

» Je me demande encore ceci : la châtelaine sur le retour, que faisait-elle? Elle ne pouvait plus être dame des penséees. Le page ne pouvait plus être amoureux en dévidant la soie. Voyons, la châtelaine sur le retour, que faisait-elle? Elle s'ennuyait dans son triste manoir, seule toujours, ayant pour unique occupation la lecture du Missel, et pour plus grande gloire la fondation d'une abbaye. Il faut donc dire qu'au temps de la chevalerie et plus tard, la femme a été l'objet d'une adoration fictive; mais en même temps, on la privait de la justice ». (Page 142).

ADÈLE

N'est-ce pas quelque chose d'être adorée?

JEANNE

Pour moi, j'ai trop d'humilité po r me croire adorable, je préfère la justice.

MADEMOISELLE

Cette adoration ne peut plus subsister quand l'âge arrive, ma chère Adèle. Entendez Maria Deraismes :

« Mesdames, la justice vaut mieux que l'adoration. L'adoration n'est qu'un privilège, et le droit vaut mieux que le privilège, parce que le droit est une chose qui ne saurait vous manquer. L'adoration, c'est le caprice, ce n'est pas assez solide. La femme ornement, non ! Cela ne me plaît pas, parce que la condition indispensable pour un ornement, c'est la fraîcheur. Que la femme vieillisse, dans l'hypothèse où elle est un ornement, elle subit le sort des vieilles passementeries ; on les jette au panier ou bien on les relègue au fond d'un vieux tiroir, comme souvenir d'un temps qui n'est plus ou d'une fête qui a réussi.

» Sans doute, la beauté est un grand don. Je puis franchement l'avouer, quelque chose de beau me touche, et je pense que la laideur est une privation. Mais ne perdons pas de vue que la beauté est un capital que l'on mange tous les jours ; c'est un fonds dont on ne tire pas de revenu. On ne fait pas des épargnes de beauté, on ne fait pas des économies de jeunesse. Mais, s'il y a un fonds moral, s'il y a un capital intellectuel, scientifique, ce sont là des revenus que vous recevez tous les jours ; avec eux, vous pouvez braver les cheveux blancs. » (Page 143).

MARTHE

Et messieurs les philosophes, que disent-ils de cela ?

MADEMOISELLE

« Pas grand'chose, répond notre émancipatrice. Les philosophes sont pourtant des affranchisseurs de la pensée, de libres écrivains ; leur mission est de porter le scalpel sur toutes choses, sur les dogmes, sur les idées, sur les doctrines ; leur examen ne laisse rien échapper ; du moins cela doit être ainsi. Je dois dire cependant — il faut rendre justice à tout le monde — que le philosophe le plus ancien et le plus célèbre, Platon, a soupçonné la vérité. Il a dit que la femme est l'égal de l'homme, qu'il existe entre eux des différences extérieures, mais que le fond est identique. Cette vérité, vous le pensez bien, ces messieurs ne l'ont pas relevée tout de suite ; pas si sots ! mais enfin Platon l'a dite. » (Page 144.)

JEANNE

Vive Platon !

MARTHE

Ma bonne, l'homme civilisé s'appuie-t-il sur la force musculaire pour établir sa suprématie, comme au temps primitif ?

MADEMOISELLE

L'homme ayant reçu une certaine éducation n'ose plus s'appuyer sur la brutalité pour dominer sa compagne. Loin de là. Il la cajole dans ses arguments. Citons Maria Deraismes :

« Nous voyons aujourd'hui une foule de ces

pharisiens de courtoisie, de ces faux adorateurs de la femme. Défiez-vous, Mesdames, de ces hommes qui disent : « Oh ! j'adore les femmes, je ne peux pas en parler sans pleurer ! » Je vous assure qu'il y a des gens comme cela. Ce sont ceux-là qui nous marchandent la justice et nos droits ; ce sont nos plus redoutables adversaires. Nos adversaires d'aujourd'hui ont inventé un autre argument, toujours tiré de Jean-Jacques. Ils ont dit : « Mais nous ne voulons pas être des tyrans ni des oppresseurs : c'est parce que nous vous aimons, Mesdames, que nous vous donnons de bons conseils. Vous avez raison, sans doute, mais que voulez-vous ? la nature vous a faites ainsi : vous ne pouvez pas avoir l'autorité. Qu'est-ce que cela vous fait ? Vous êtes tout amour ; c'est ainsi que la nature vous a conformées. Vous êtes tout sentiment, tout cœur, et nous vous adorons toute la vie. »

« C'est touchant. La femme tout amour ! On nous ressasse la femme tout amour depuis si longtemps que j'en ai jusqu'à la nausée.

» Mon Dieu ! ce mot amour a une acception tellement vaste que nous pourrions parfaitement l'accepter et reconnaître que nous sommes tout amour, si nous comprenons le mot amour comme la faculté de concentrer ses aptitudes, ses forces, ses énergies sur un objet préféré.

» Il y a l'amour de la science, l'amour dns arts,

l'amour des idées, l'amour de la patrie, l'amour d'une personne. Mais quand on a dit que la femme est tout amour, on a restreint l'acception du mot, on a voulu dire toute sensibilité, toute tendresse. Cela paraît charmant, n'est-ce pas? Eh bien, c'est la chaîne la plus serrée et la plus tyrannique que l'on ait pu nous imposer.

» Voyons donc si c'est vrai : Dès l'instant que vous dites qu'une personne est tout amour, vous sous-entendez qu'elle ne possède pas de raison, mais seulement de la sentimentalité. Aussi, en disant : La femme est tout amour, on a mis en parallèle ceci : L'homme est tout raison. Il y a des esprits plus modérés, plus conciliants, qui ont taxé cette opinion d'exagération et qui ont dit : Non ! l'homme a une prédominance de raison, la femme, une prédominance de sentiment.

» Prédominance de sentiment ! Vous comprenez tout de suite que, dès qu'on admet chez un être la prédominance de la raison, on lui confère immédiatement un brevet de supériorité et de commandement, parce que le régime de l'impressionnabilité et de la sentimentalité n'offre pas un esprit de direction suffisant. » (Page 145.)

MARTHE

Ma bonne, la raison et le sentiment ne peuvent donc pas se rencontrer chez la même personne?

On peut objecter que le sentiment n'est pas par lui-même une chose déraisonnable. Prenons un exemple : une mère qui allaite son enfant éprouve mille ennuis ; si elle n'écoutait que la raison pure, elle devrait se désintéresser du petit être qui ne peut apprécier l'amour de sa mère ; mais le sentiment est si fort en elle qu'elle se sacrifie à sa maternité ; c'est la nature elle-même qui voulant la continuation de l'espèce s'adresse, non pas à la raison, mais bien au sentiment pour arriver à ses fins. Ne dit-on pas aussi que le cœur donne de l'esprit? Il n'y a qu'une grande faiblesse de caractère qui puisse rendre impropre à ses intérêts un individu quel qu'il soit. La raison sans le sentiment serait souvent rebutante. Mais laissons parler notre avocate :

« J'admets la chose. Voilà la femme tout amour; seulement la société va être forcée de lui fournir un aliment, et il faut avouer qu'en fait d'amour la femme est bien mal partagée. Et pourquoi a-t-on associé à ce mot d'amour, le mot de vertu? Car on dit que la femme est aussi toute vertu. Je confesse franchement que je ne saisis pas la relation entre ces deux choses. Songez donc que la vertu est la manifestation la plus intense de la raison et de la volonté. La vertu, c'est la lutte contre tout ce qui plaît et contre tout ce qui charme, c'est l'effort ! » (Page 147).

» Y a-t-il une façon de sortir de la difficulté ?

» On ajoute : « Oh ! mais il y a un sentiment bien plus fort que tout les autres chez la femme, c'est le sentiment de la maternité ».

» Oui, c'est un très beau sentiment, nous le savons. Mais, peut-on dire qu'il supplée à tous les autres ? Admettons-le. Vous avez voulu contester l'activité de la femme. Soit ! elle se contentera d'amour, de tendresse, il lui suffira de caresser son enfant. Mais la femme, si elle a un peu de bon sens, de sens commun, se dira : « Voici un enfant ; il faut que j'assure son éducation. Si c'est un garçon, je lui donnerai une profession, je l'établirai : si c'est une fille, il faut que la dote. » Toutes aspirations, tous désirs qui n'ont aucun rapport avec la tendresse maternelle, car ils ont pour objet, quoi ? de s'enrichir. Vous me direz : « Cela regarde le père ». Mais si le père n'existe pas ou s'il est incapable ? Cela arrive. Et s'il n'a pas de conduite ? » (Page 148).

JEANNE

Que de mauvaises raisons, pour avoir raison !

MADEMOISELLE

C'est ce que fait remarquer Maria Deraismes :

« J'ai voulu vous faire voir les contradictions pens lesquelles on tombe quand on n'est pas d'accord avec la nature. A présent je reprends et je dis: Jamais je n'accepterai la distribution qui met le sentiment d'un côté, la raison de l'autre. Jamais cette classification n'a été proposée pour les différents ordres de la nature. Dans le règne animal, par exemple, la nature n'a pas fait de distinction, pour les qualités essentielles, entre le mâle et la femelle; la chienne chasse comme le chien; la jument court tout aussi bien que l'étalon; la chatte croque les souris comme le chat... Vous voyez que je prends pour exemple les espèces les plus intelligentes. Pourquoi fait on une exception pour l'humanité? Nous sommes tous des êtres raisonnables, et, il faut le dire, la femme, dont on est toujours prêt à déprécier les facultés et le jugement, est en même temps condamnée à donner toute sa vie des preuves de raison». (Page 149)

JEANNE

Mais, c'est vrai, dans la nature, il n'y a que la femme qui soit considérée comme inférieure à son compagnon.

ADÈLE

Mais nous ne sommes pas des animaux!

JEANNE

Non, relativement, on nous considère comme inférieures à eux.

La contradiction dans l'éducation est relevée fortement dans ces paroles :

« Mettons en regard, s'il vous plaît, l'existence d'un jeune homme et d'une jeune fille ; nous les suivrons l'un et l'autre. On dit à la petite fille : « Il faut être sage ; c'est bon pour les petits garçons de n'être pas raisonnables ». Comment! le petit garçon qui doit devenir un homme et par conséquent tout raison? Je ne comprends plus. Plus tard la petite fille a grandi. Que lui dit-on alors? Une jeune fille doit être raisonnable ; l'amour ne signifie rien, il faut faire un mariage de raison. Il est vrai que tout amour est dans la femme, mais tu te priveras d'amour. Ce monsieur n'a pas de cheveux, c'est vrai, mais c'est un homme très distingué. Nous devrions te laisser faire un choix, mais nous n'avons pas le moyen, etc ». Et c'est ainsi tout le temps, c'est pour le coup qu'il faudrait créer à l'usage des jeunes filles des écoles de raison.

» Et pendant ce temps, que fait le jeune homme, que fait cet apprenti en sagesse? Il ne fait que des sottises ; il devient prodigue, débauché, joueur. On dit : « On sait bien cé que c'est qu'un jeune homme ! » Moi, je ne sais pas, si ce n'est qu'il doit être tout raison.

» La jeune fille se marie, autre histoire ! Elle a

épousé ce monsieur... Vous savez, ce monsieur qui n'a pas de cheveux ; va-t-elle au moins pouvoir être le conseil de son mari? Non pas ; ce n'est pas là son affaire ; elle est tout amour, mais la raison n'est pas à sa portée ». (Page 149).

MARTHE

Il y a pourtant des femmes qui s'entendent très bien à diriger une exploitation quelconque.

MADEMOISELLE

C'est ce qui leur est contesté :

« Elles ne savent pas diriger leur fortune, conduire leurs affaires d'intérêt! Dit-on que, quand elles ont acquis une fortune, elles ne savent pas la conserver? J'affirme qu'elles l'administrent très bien et qu'elles savent faire un marché, passer un contrat, aussi bien qu'un notaire.

» Dans les arts, dans les sciences, en politique, en littérature, des femmes se sont élevées jusqu'au génie. Quand une femme, dans une circonstance déterminée, est inférieure à l'homme, c'est qu'elle n'a pas reçu la même éducation professionnelle. Fournissez à chacun des deux les mêmes ressources, et vous verrez.

» Il y a dans une ville des Etats-Unis un collège de femmes organisé sur un très grand pied, comme les collèges d'hommes en Europe. Ce collège réunit jusqu'à quatre cents jeunes filles et on leur enseigne les mathématiques. Oui! les mathématiques; on dit que les femmes ne sont pas construites pour cela! puis l'astronomie, la physique, toutes les sciences naturelles. Quatre cents jeunes filles qui étudient toutes ces sciences! N'est-ce pas là une exception, un prodige? Non, c'est comme cela. Est-ce assez bizarre? Nous allons bientôt voir que toutes les qualités qu'on refuse aux femmes, elles les possèdent au plus haut degré, la raison, le sens pratique, c'est très bizarre.

» Je pourrais citer bien d'autres exemples, mais je crois que c'est assez. Je dis que, malgré des différences formelles, il y a, entre la femme et l'homme, identité et égalité absolues. Nous sommes des êtres *ejusdem farinæ*. Nous sommes, comme vous, capables de discerner la vérité de l'erreur; nous avons la même aptitude, la même activité d'esprit, que l'exercice peut développer au même degré. Pendant trop longtemps, pour nous convaincre de sottise, on a créé un type qui n'existe pas. On avait douté de nous, on n'avait pas expérimenté nos forces. Le jour où l'on voudra faire cette expérience de bonne foi, tout le monde y gagnera, car l'homme sera plus grand quand la femme sera plus grande. On peut s'étonner que les femmes aient si longtemps supporté leur infériorité sociale. Aujourd'hui l'impatience ne les quitte plus. Oui, Messieurs, oui, Mesdames, nous voulons être enfin ce que nous sommes et non plus ce que l'on nous fait ». (P. 151).

JEANNE

Que ce soit le plus tôt possible!

ADÈLE

Vous êtes donc bien malheureuse?

JEANNE

Si je ne le suis pas actuellement, je puis le devenir, de par les lois qui régissent mon pays. Et d'ailleurs ce système qui consiste à nous inférioriser est une injure pour toutes.

MARTHE

Je trouve qu'en effet, cet état de choses ne fait pas souffrir seulement matériellement, mais bien aussi moralement, car toutes les femmes, quelle que soit leur situation, sont atteintes dans leur dignité puisqu'on les ravale parce que femmes.

MADEMOISELLE

Votre remarque, ma chère enfant, est très judicieuse et fait honneur à vos sentiments. La prochaine fois nous parlerons de *La Femme devant les*

Tribunaux, vous verrez comme le traitement de la femme dans la société impose parfois à la justice une besogne très difficile.

JEANNE

Ma bonne, s'il y avait plus d'équité, il y aurait moins d'affaires à traiter; les gens de chicane pourraient s'en plaindre.

MADEMOISELLE

Hélas! ma chère Jeanne, il y a malheureusement beaucoup de vérité dans votre malicieuse remarque

A bientôt, mes bonnes amies.

DEUXIÈME ENTRETIEN

MADEMOISELLE

Mes chères filles, *La Femme devant les tribunaux* sera le sujet de notre entretien. Laissons la parole à Maria Deraismes :

« Parmi les lois iniques, lois qui fournissent tant d'affaires aux différentes Chambres du Palais, nous citerons la loi d'assujettissement des femmes dans la société.

» Je devais fatalement arriver à cette loi néfaste : vous vous y attendiez, n'est-ce pas ? Oui, je vais l'examiner à un triple point de vue et considérer la femme *victime*, la femme *complice*, la femme *accusée*.

» La loi d'infériorité prononcée contre la femme l'a mise sous la puissance de l'homme et a ouvert à celui-ci une vaste carrière pour son égoïsme, ses passions, sa tyrannie. En effet, la femme étant déclarée inférieure, c'est à l'homme que la loi a dû conférer le commandement qui implique le droit d'exiger l'obéissance. La femme obéit donc ! Et notez bien que la loi est expresse, qu'elle ne fait aucune réserve, aucune restriction, qu'il faut obéir. La femme la plus intelligente, la plus instruite, épouse l'homme le plus médiocre, et, par le fait seul de son mariage, elle se fait inférieure, elle se fait subalterne. » (Page 157).

MARTHE

Ma bonne, la fortune de la femme n'est-elle pas à l'abri de la mauvaise administration du mari ?

MADEMOISELLE

Maria Deraismes répond :

« Il est un article dans le Code qui permet à la femme de poursuivre en justice sa séparation de biens, quand sa dot est menacée. Mais c'est seulement pour sa dot. Et si elle n'en a pas ?

» En outre, c'est l'homme qui a la gestion des affaires, qui peut administrer comme bon lui semble, qui a le droit de se tromper, de ruiner sa femme, quelle que soit la supériorité de celle-ci. La loi dit à l'homme qu'il est supérieur ; il le croit, il veut avoir raison toujours. C'est si agréable de s'entendre dire : « Vous êtes supérieur ! » Aussi, il persiste dans sa volonté ; si une observation lui est faite, il impose silence, il menace ; on n'en tient pas compte, il lève la main.

» Voulez-vous entendre sa justification ? Il se dit : « Je suis le maître ou je ne le suis pas ; or, je suis le chef du ménage parce que je suis homme ». Pour nous autres femmes, ce n'est pas toujours une raison, mais pour lui, c'en est une. « Je dois, se dit-il, toujours être obéi, puisque je suis le chef, le maître ; on m'a résisté, j'ai employé les moyens coercitifs ; on me devait l'obéissance et on me l'a refusée, j'ai employé la force pour faire triompher mon droit ». (Page 158).

MARTHE

Mais ce droit, ce sont les hommes qui se le sont conféré.

MADEMOISELLE

Naturellement, les hommes faisant les lois se sont arrogé tous les droits, même celui de faire souffrir leurs semblables.

Maria Deraismes fait remarquer que l'homme raisonnant ainsi « a raison, et c'est la loi qui a tort : seulement on pourrait changer la loi. (P. 158.)

» Nous pouvons le dire ici : le respect du droit d'autrui, l'égalité des droits, c'est l'acheminement vers la justice.

» L'homme qui profite de toutes les occasions de la vie, et on rencontre beaucoup d'occasions dans la vie quand on veut les suivre, l'homme qui se livre à la débauche, à la licence, c'est une seconde pente vers les tribunaux.

» Sans doute, si cette loi d'infériorité de la femme porte le désordre dans la société, là où le fléau sévit le plus, c'est dans la classe populaire. Dans les hautes classes, rien ne se manifeste d'une façon bruyante, et le seul symptôme auquel on reconnaisse les résultats de cette loi odieuse, c'est une polygamie scandaleuse et très affichée. » (Page 159).

MARTHE

Pourtant, dans la classe populaire, la femme souffre les mêmes douleurs que l'homme ; pourquoi cet antagonisme ?

MADEMOISELLE

Forte de son expérience, Maria Deraismes nous l'explique :

« Dans le peuple, l'homme méprise souverainement la femme, et c'est là que l'inégalité se fait le plus sentir, parce que, dans les classes populaires, il y a parité d'ignorance..

Comme la femme commet moins d'excès, elle conserve sa finesse, son tact, sa délicatesse. Mais l'homme n'en tient pas compte, il ne connaît pas la femme. Dans le monde, dans les relations de salon, la femme peut briller avec un certain talent ; l'homme du peuple ne la connaît que dans les bouges, ou, plus tard, il la connaît dans la mansarde ; mais alors il la voit sans charmes, parce qu'elle est criarde, parce qu'elle inquiète et préoccupée.

» L'homme du peuple a un vocabulaire composé tout exprès pour humilier la femme. Alle dans un quartier populeux, le soir ; choisissez un samedi, le jour de la paie, le jour des grosses joies ; suivez les groupes qui passent et vous entendrez des dialogues, que je ne puis pas répéter ici ; cela se dit dans une langue verte que je n'ai pas l'habitude de parler.

» L'homme aura plus d'égards, plus de complaisance, plus de respect même pour son camarade, pour son compagnon, parce qu'il se dira : « Celui-là est mon semblable », tandis que sa femme c'est son inférieure. (Page 159).

» Dans les classes ouvrières, il est bien certain que, pour un mari, frapper sa femme n'est pas chose extraordinaire ou coupable : c'est dans les mœurs, c'est dans les habitudes. Je vous parle principalement des quartiers occupés par des fabriques et habités par les ouvriers qui y travaillent. Dans ces maisons, qu'une femme soit battue, le voisin écoute, prête une certaine attention et, aux coups les plus retentissants, combien disent ou sont tentés de dire : « Bien touché ! » (Page 160).

JEANNE

Oh !

MADEMOISELLE, *continuant*

« Les mots sont tous de cette force, et, devant les tribunaux, on en entend que je puis vous citer. En police correctionnelle, dans un procès concernant une femme battue par son mari, qui l'avait mise dans un état pitoyable, le président adresssait au prévenu l'admonestation d'usage : « Vous avez été brutal envers votre femme, etc. » L'autre de dire : « Ah ! Monsieur le président, si saviez comme elle est obstinée ! » Puis venait le principal témoin à charge qui disait : « Si j'avais une femme aussi obstinée que cela, je lui en ferais autant ». Bien obstinée, en effet, la pauvre femme : elle s'obstinait à empêcher son mari d'aller au cabaret. Et cet autre témoin qui disait : « J'ai déposé la vérité ; il bat sa femme, c'est vrai ; mais je ne dis pas qu'un tel n'a pas le droit de battre sa femme, seulement il la bat la nuit et cela m'empêche de dormir. » (Page 161).

MARTHE

Mais, ma bonne, c'est épouvantable ce que Mlle Maria Deraismes nous fait connaître.

MADEMOISELLE

Et ce n'est pas tout. Ecoutez cette anecdote :

« Hélas ! que d'infamies se passent encore sans que les tribunaux s'en occupent, sans que la loi intervienne !

« J'ai connu une pauvre femme martyre de son mari. Elle venait parfois toucher des notes chez nous. Son mari était établi dans une sous-préfecture de Seine-et-Oise, au voisinage d'une campagne où je passe six mois de l'année. Une nuit, les habitants d'un certain quartier sont éveillés par un vacarme horrible ; on frappe à coups redoublés à la porte d'une maison. C'est un homme qui veut rentrer chez lui et sa femme ne répond pas à ce bruyant appel. Aussi le mari recommence son tapage ; il menace sa femme, il la tuera, c'est une gueuse, une coquine! Enfin, comme le carillon continue, les voisins se lèvent et demandent ce qui se passe. Aucun bruit ne se fait entendre dans l'intérieur, aucune lumière ne se fait voir Le mari est aux trois quarts ivre et toujours furieux. Enfin on enfonce la porte, on entre. Dès les premiers pas, on est étouffé par une épaisse vapeur d'acide carbonique. On pénètre dans l'arrière-boutique et l'on trouve, spectable affreux, une femme et son enfant morts à côté d'un fourneau encore allumé.

« Cette malheureuse femme, depuis longtemps maltraitée par son mari, était allée trouver son père et lui avait dit : « Jusqu'à ce moment, j'ai supporté tout ce qu'il était possible de supporter, j'ai fait tous mes efforts pour endurer ces supplices ; mais aujourd'hui, cela m'est devenu impossible. Je vous en supplie, mon père, reprenez-moi, prenez mon enfant, si vous me laissez avec mon mari, il me tuera. Je ne vous demande pas asile pour bien longtemps, seulement le délai nécessaire pour obtenir ma séparation : tous nos voisins témoignent en ma faveur. » Elle se met aux genoux de son père ; elle dit tout ce qu'une femme peut dire en pareille circonstance. Et ce père, ce misérable, plus coupable encore en raison de sa qualité de père, se contente de lui répondre : « Je t'ai mariée, reste chez toi ; ici, tu me gênerais, tu m'embarrasserais, va où tu voudras. »

JEANNE

Si votre père ne vient pas à votre secours, qui donc vous prendra en pitié ?

MADEMOISELLE

« La pauvre femme s'en va exaspérée, et le soir même, elle se tue avec son enfant ; elle n'avait laissé qu'un mot, un seul, pour expliquer sa funeste résolution : « J'ai voulu me soustraire, moi » et mon enfant, aux mauvais traitements que » mon mari nous faisait subir tous les jours. » Le reste, je ne puis vous le dire sans émotion. Ce fut d'abord, dans la ville, un tolle général contre le mari, ce gueux, ce gredin. Puis, comme toujours, un procès-verbal fut dressé, et, comme toujours, il fut constaté que le corps de la malheureuse femme était couvert d'ecchymoses, et puis... vous croyez qu'une enquête fut faite ? Je ne sais par suite de quelle pusillanimité du public, par quelle coupable inertie des magistrats, rien ne fut fait, le crime demeura impuni ! Encore aujourd'hui, je ne puis en parler froidement.

« Hélas ! Ce spécimen du sort des femmes se reproduit souvent. On dit à la femme : « Invoquez les lois. » Mais comment ? Voyez les risques qu'elle encourt. Je suppose qu'elle obtient d'un tribunal la punition de son mari qui l'a maltraitée. Mais, quinze jours après, celui-ci revient chez lui, et voilà la femme qui retombe sous l'autorité d'un homme rempli de rage, de désir de vengeance. »

MARTHE

La loi oblige la femme à jurer obéissance à son mari, si celui-ci est un malhonnête homme, il peut forcer sa femme à de vilaines actions ?

MADEMOISELLE

C'est ce que fait remarquer Maria Deraismes :

« Je n'insiste pas davantage. En voilà assez sur la femme victime. De là à la femme complice, le trajet est court. Je le déclare, le serment d'obéissance est immoral : nul ne doit aliéner sa conscience, nul ne doit abdiquer ce moi qui est toute la force de l'être et qui en est toute la responsabilité. Du moment que vous trouvez naturel que la femme reçoive son opinion toute faite de son mari, qu'elle ne doit en rien se fier à son propre raisonnement, quoi de plus naturel encore que les maris emploient une sorte de pression pour faire dévier la conscience de leur femme ? Combien n'en est-il pas qui ont obtenu d'elles certaines manœuvres déloyales, indélicates, destinées à tromper quelques créanciers ? Qu'avez vous à reprocher à ces pauvres femmes ? On leur avait dit que le mari était supérieur ; elles l'ont cru. Et puis, il y a encore pour influer sur elles la crainte des mauvais traitements. Voyez : un jury belge a acquitté Mme de Bocarné, parce qu'il a fait la part de la puissance maritale. La complicité de sa femme, il avait pu l'exiger, l'ordonner, l'obtenir par la terreur. Je sais bien que la loi belge n'admet pas de circonstances atténuantes et que cela a pu entraîner l'acquittement, mais enfin, cette femme a été acquittée, c'est un fait. » (Page 163.)

MARTHE

Et comment, ma bonne, la femme devient-elle accusée ?

MADEMOISELLE

Maria Deraismes affirme que cette situation d'accusée est une suite des deux premières ; et j'appelle toute votre attention sur ce qu'elle va nous dire : c'est en quelque sorte l'exposé des misères de la femme, forcée de travailler pour subsister et qui ne rencontrant sur son chemin que des travaux mal payés, arrive à se livrer à d'indignes métiers pour vivre et satisfaire un besoin d'activité et d'expansion.

Je laisse la parole à notre justicière :

« Quelle que soit la capacité de la femme, elle se trouve expulsée de toute carrière lucrative et avantageuse; sur l'échelle du travail, elle ne peut gravir que les degrés les plus bas. La femme travailleuse, la femme ouvrière ne peuvent arriver à se suffire ; elles vivent au jour le jour, et il ne leur est pas permis d'entrevoir une perspective de confortable, même de repos. Rappelez-vous les pages de Jules Simon dans *l'Ouvrière*. Ferons-nous l'historique de la vie de la travailleuse ? La suivrons-nous dans la manufacture où elle se livre à des travaux morbides pour une rémunération humiliante ? Dans les fabriques d'allumettes chimiques, par exemple, c'est l'ouvrière qui gagne le plus vite l'horrible nécrose, une carie des os maxillaires, une maladie qui entraîne des suites affreuses, des opérations que l'on n'ose décrire. Et tout cela, pour quel salaire ?

» En somme, que l'ouvrière se livre à n'importe quel travail, que peut-elle gagner ? Jamais l'équilibre ne saurait s'établir entre ses frais et son salaire. Alors, en dehors des sollicitations du cœur et même des sollicitations des sens, cette malheureuse se livre aux obsessions de la misère, et, si elle ne cède pas par entraînement, elle cède par nécessité. Je sais bien que je ne dis rien de nouveau ; mais ce n'en est pas plus consolant pour cela. (Page 164.)

MARTHE

Et pourquoi, ma bonne, le gain de la femme est-il inférieur à celui de l'homme ?

MADEMOISELLE

On ne craint pas la femme, on sait qu'elle ne descendra pas dans la rue, un fusil à la main, pour faire reconnaître ses droits ; elle n'a pas le bulletin de vote ; l'égoïsme masculin et patronal peuvent s'exercer librement ; le nombre des métiers étant limité pour elle, elle est forcée d'accepter du travail où elle en trouve, et l'on abuse de sa nécessité pour la payer le moins cher possible. Revenons à Maria Deraismes :

« Voyons les autres professions que la femme peut embrasser. Elle peut être institutrice ou professeur. Je me sers des deux mots, parce qu'il y a une distinction à faire. L'institutrice est dans un pensionnat ; elle a un traitement de 400 francs, elle est nourrie, et quels repas ! Elle se rattrape, il est vrai, sur cette boisson qu'on nomme l'abondance, célèbre par les rinçures de brocs qui en font la base et par la quantité d'eau qu'on y ajoute.

« Les femmes professeurs ? Elles donnent des leçons en ville ; elles sont plus indépendantes; mais leur sort n'est pas magnifique. Il y a tant de femmes qui, par dignité, préfèrent cet état, que bientôt il y aura plus de professeurs inoccupé que d'élèves à instruire. Pour le moment, il en est un grand nombre qui n'ont même pas de souliers aux pieds. Outre ces femmes qui professent des états, il y a des filles qui appartiennent à des familles honorables ; les pères, des chefs de bureau, des avocats,des médecins, tous sans fortune, se figureraient néanmoins se déprécier, si leurs filles travaillaient pour vivre. Alors ces filles attendent... attendent quoi ? Des maris qui ne viennent pas. Ceux qui se présentent ne leur conviennent pas, à cause de la différence de l'éducation. Les parents promènent leurs filles dans le monde, dans les bals ; mais au bal, on trouve des polkeurs, des lorgneurs, mais pas de marieurs ! (Page 165).

JEANNE

Alors la nécessité vous force à faire la chasse au mari ?

MADEMOISELLE

Souvent, la nécessité force les femmes à abdiquer leur dignité.

« Si nous faisons l'addition de tous ces espoirs déçus, continue Maria Deraismes, nous voyons sur le pavé une légion de femmes complètement dénuées de ressources. Quelques-unes s'arrangent comme elles le peuvent à l'aide d'une petite place qu'elles obtiennent dans un bureau de poste ou de télégraphe ; là, elles s'étiolent, s'atrophient :

d'autres se rapetissent pour leur cadre... Et puis le reste? Ce sont des natures vigoureuses qui ont une dose cérébrale considérable, qui se sentent la vigueur, le courage nécessaires pour réussir sans le concours de qui que ce soit : ce besoin d'expansion cherche une issue, et, au milieu de ce luxe effréné, elles sentent qu'elles ne peuvent rien par leur travail, et elles vont du côté de l'immoralité, parce que, je vous l'ai dit, il n'est au pouvoir de personne d'anéantir une force ; comprimée d'un côté, elle agit de l'autre ; elle pouvait amener le bien, elle devient nuisible ; c'est la loi. Alors devant la loi et ses mystères se dresse toute une cité subversive, peuplée d'agences de corruption, de scandales, d'escroqueries, qui ont à leur tête des femmes : ce sont ces filles sans ressources qui tirent leur subsistance de toutes les turpitudes humaines. C'est là que nous voyons se jouer le drame si commun et si lamentable de la fille mère. Enfin, nous sommes et nous restons serves, taillables et corvéables à merci. Il est bien certain que dans ces questions l'homme est désintéressé : la femme court tous les risques ; la recherche de la paternité étant interdite, il se trouve que toutes les charges retombent sur elle qui est la moins capable de les supporter. Elle ne peut pas vivre elle-même, et la voilà obligée d'en faire vivre un autre. » (Page 166.)

ADÈLE

Eh bien ! que la femme reste à son foyer.

JEANNE

Même si elle n'en a pas.

MARTHE

Ma bonne, ne pourrait-on améliorer cette situa tion terrible ?

MADEMOISELLE

Maria Deraismes le croit. Elle dit :

« C'est un fait reconnu que la loi d'infériorité des femmes, en société, est une cause inévitable de perturbation et d'injustice, une provocation à la corruption, au crime même. Y a-t-il quelque chose à faire ? Oui. Je n'ai pas besoin pour cela de renverser la société, de mettre le monde aux antipodes. Nos contradicteurs ne manquent jamais de nous dire : « Vous voulez intervertir les rôles, prendre la place des hommes et leur donner la vôtre. » Notre place, notre place ! Cela prouve au moins que les hommes la trouvent si bonne qu'ils n'en veulent à aucun prix. Non, Messieurs, nous ne voulons pas une injustice nouvelle, nous voulons mettre fin à l'injustice. Ce que l'homme appelle son droit, c'est la licence. Son droit véritable n'est pas antagonique avec le nôtre, tous deux sont au contraire harmoniques entre eux ; et le jour où la femme aura repris son droit, elle pourra utiliser ses capacités et suivre une foule de carrières. Il faut qu'elle travaille. Elle a un mari : c'est très bien. Mais un homme est mortel, il est vulnérable. S'il meurt, s'il tombe malade, s'il subit un chômage, que deviendra la femme ? Il faut d'abord qu'elle reçoive une éducation professionnelle ; c'est là ce qui manque à l'ouvrière et c'est ce qui est la cause de son infériorité dans certains états. Le travail n'est pour elle ni honoré ni lucratif ; l'homme, au contraire, peut par le travail s'élever aux situations les plus hautes et les plus glorieuses. Depuis le commencement du monde, l'intelligence de la femme est un capital sans rapport, un bien-fonds sans revenus, un terrain en friche. Je demande qu'on emploie cette force. Si la nature a donné des aptitudes à la femme, c'est pour que l'on s'en serve.

« On nous répond qu'il y a encombrement dans toutes les carrières, que si la femme augmente encore le nombre des postulants, cela n'augmentera pas le nombre des emplois, et que la société n'y gagnera rien. Je réponds que cet encombrement n'est pas réel ; il a précisément pour cause la foule se portant aveuglément dans la même voie ; lorsqu'il y a encombrement d'un côté, il y a nécessairement solitude de l'autre ; ainsi il est incontestable que les bras manquent à l'agriculture. Je regrette qu'en matière sociale on n'ait pas recours à la meilleure de toutes les méthodes, l'expérimentation. Faisons quelque chose. Si nous nous contentons toujours de formuler nos théories, nous ne pouvons pas les juger. On dit : « Le mal est irrémédiable. » Eh bien ! qu'on se dispense de toute recherche. C'est la faute de notre temps si rien encore n'a été expérimenté. » (Page 166.)

ADÈLE

Si la femme travaille, elle ne peut pas s'occuper de ses enfants.

MADEMOISELLE

Laissez-moi continuer, et vous aurez la réponse à votre objection.

« Le tempérament de la femme, nous dit-on, ne lui permet pas un travail régulier. Oui, il est évident que son état général de santé, la maternité, le temps de la gestation, la rendent moins apte à certains travaux. Mais qu'elle soit forcée de les interrompre, je ne puis le reconnaître. La femme n'est-elle pas blanchisseuse, repasseuse ? Dans la campagne, ne se livre-t-elle pas aux travaux des champs ? Dans le midi, elle porte des fardeaux. Est-ce qu'elle interrompt son travail lorsqu'elle va être mère ? Pas le moins du monde. L'ouvrière va à sa journée, la domestique fait son service.

La femme du monde seule, dans ce cas, abandonne toute occupation ; toutes les autres continuent à travailler ; elles pourraient continuer à plus forte raison, par exemple, si elles étaient occupées dans la bureaucratie, si elles avaient une profession qui leur permît d'être assises.

« D'autres personnes, et ici c'est le faux sentimentalisme qui accorde sa vieille guitare, s'écrient : « Mais la mère ! Mais l'enfant ! Mais ses baisers ! Mais ses doux sourires ! » Cela n'en finit pas.

Laissez les enfants à leurs mères,
Laissez les roses aux rosiers.

« Vous connaissez cette romance qui est devenue célèbre, sans doute parce qu'elle n'a pas le sens commun, car ces deux propositions n'ont pas la moindre harmonie.

« Je dirai, moi, qu'il faut que l'enfant soit bien nourri, bien vêtu, et placé dans les meilleures conditions viables : voilà son véritable intérêt ; cela lui vaut mieux que d'être embrassé à tous les instants. Ce qu'il faut à l'enfant, c'est l'aisance dans l'intérieur ; car il ne peut exister qu'avec le travail de la femme, non pas comme il est organisé aujourd'hui, mais comme il devrait l'être. Le Minotaure qui dévore les ménages et les enfants, c'est la misère, c'est le ferment de discorde. » (Page 168.)

MARTHE

Ma bonne, tous les pays, sur ce point, ne se ressemblent-ils pas ?

MADEMOISELLE

Maria Deraismes conclut par ces paroles :

« Nous arriverons certainement à une meilleure organisation du travail, car de notre temps il se produit dans ce sens un mouvement considérable, dont on ne saurait nier la puissance. Nous n'aurons pas l'honneur de l'initiative, nos voisins d'outre-Manche s'en occupent. La chose va bien chez eux, nous sommes loin encore du mouvement anglais. A Londres, la femme d'un représentant au Parlement a soutenu, dans un éloquent discours, une candidature radicale. Son candidat n'a pas réussi, c'est vrai, mais il a obtenu un triomphe relatif : 300 voix de plus lui auraient donné la majorité. Vous voyez donc que la femme est une valeur sociale, qu'elle a des qualités égales à celles de l'homme, que, malgré l'asservissement où elle est tenue, elle s'impose parfois par son mérite et exerce une influence. Si elle a des défaillances, si elle est avilie par la misère, la faute en est généralement à l'homme qui en fait sa victime ou sa complice, souvent l'une et l'autre, et en lui ôtant les moyens de gagner sa vie par un travail honnête et rémunérateur, la pousse devant les tribunaux Mettons la femme à sa place dans la société, donnons-lui les droits qu'elle tient de la nature et qu'elle est apte à exercer ; qu'elle soit devant la loi l'égale de l'homme, et non plus son esclave, sa chose. Ce sera le règne de la justice, la moralité générale en deviendra meilleure et les tribunaux auront moins de scandales à punir. » (Page 169.)

JEANNE

Qu'est-ce qui a pu faire croire à l'homme que la femme lui est inférieure ?

MADEMOISELLE

Il n'est pas dit qu'il le croie, mais l'orgueil et l'intérêt se confondent chez lui pour affirmer cette absurdité.

MARTHE

Mais, ma bonne, nous avons eu des femmes célèbres qui ne le cédaient en rien, comme intelligence, aux hommes.

MADEMOISELLE

Sans doute, et nous traiterons ce sujet la prochaine fois.

SIXIÈME ENTRETIEN

MADEMOISELLE

Mes bonnes amies, je laisse la parole à Maria Deraismes sur ce sujet : *Les Grandes Femmes.*

« Cette qualification de grande, d'illustre, de célèbre, attachée à un nom féminin, dérange pour beaucoup de gens l'idéal qu'ils se sont fait de la femme. Car illustration, célébrité, grandeur, impliquent des idées d'énergie, de savoir, de volonté, de publicité et d'autorité, tandis que le mot femme sous-entend timidité, ignorance, soumission, effacement.

« En effet, depuis le commencement des sociétés, religions et philosophies prêchent à la femme, dans tous les idiomes, que sa grandeur est en raison inverse de celle de l'homme ; que la gloire masculine est dans une existence brillante ; que sa gloire, à elle, est dans une vie obscure ; que science, courage, dignité, pouvoir, sont les attributs exclusifs de l'homme ; que simplicité, humilité, subordination, sont les signes caractéristiques de la femme.

» En fin de compte, on a décidé que moins sa vie est apparente, plus elle est conforme à sa mission. » (Page 171.)

« Toutes les femmes célèbres dans l'histoire

n'ont été grandes que parce qu'elles ne se sont pas restreintes au rôle domestique et qu'elles ont accompli des devoirs sur un théâtre plus large. » (Page 174.) (1)

Sainte Geneviève, Blanche de Castille, Jeanne d'Arc, sainte Thérèse, ont harangué, commandé, régné, combattu, philosophé, enseigné.

« Puisque nous venons de citer sainte Geneviève, elle va servir de point de départ à la revue historique, rapide et concise, que nous allons faire des femmes célèbres. Nous aurions pu remonter plus haut dans l'histoire et vous parler des Sémiramis, des Judith, des Corinne, des Sapho. Mais leur nom seul indique la nature de leurs travaux, et les documents un peu circonstanciés manquent sur leur œuvre. Il est impossible de s'arrêter longtemps à considérer ces grandes figures. Revenons à Geneviève.

» Attila, ce barbare formidable, ce fléau de Dieu, comme on l'appela, venait d'entrer en Gaule. La terreur était partout. La petite ville de Lutèce, à son approche, était en proie à un effroi qui paralysait tous les courages. Songer à la défense eût été dérisoire : la panique qui précédait Attila énervait les plus braves. Après maintes délibérations, on prit le parti de fuir en emportant le

(1) Cette conférence a été faite à la salle du boulevard des Capucines en 1869.

plus qu'on pourrait, comme le raconte Jean Bolland, l'historiographe de Geneviève. Les barques étaient à flot, on ne voyait que meubles entassés sur les places, que maisons désertes, que troupes d'enfants et de femmes en pleurs, qui allaient dire un dernier adieu à leurs foyers. Qui entreprend d'arrêter l'émigration ? C'est la petite Geneviève, la chétive, la maladive fillette de quinze ans ; elle ose affirmer qu'Attila n'approchera pas de Lutèce si les habitants se repentent et se confient à Dieu ; elle entreprend une sorte de prédication ; elle ne se borne pas à prier, elle suit son activité naturelle. Elle va d'abord exhorter les hommes ; elle n'en reçoit que des injures et des huées. Elle ne se rebute point et elle s'adresse aux femmes. Sa parole est chaleureuse, véhémente, inspirée ; tout ce qu'il y a en elle de foi et de charité découle de ses lèvres. Les femmes s'émeuvent à sa voix, elles sont ébranlées, elles la suivent au temple élevé en l'honneur de saint Etienne. Là, elles se barricadent et se livrent à la prière. Les hommes surviennent pour chercher leurs femmes ; elles ont disparu. Fureur des hommes ! ils s'apprêtent à percer les portes du temple, décidés à s'emparer de Geneviève, à la lapider ou à la jeter dans la Seine. Geneviève ne perd pas son calme. Un diacre fuyant les barbares passe par là ; il reproche aux habitants de Lutèce leur cruauté et leur ingratitude. Les hommes, à leur tour, subissent l'influence du courage de la jeune fille : ils restent.

Attila retourne sur ses pas : Lutèce est sauvée. Plus tard, Geneviève sauvera une seconde fois la ville. Lutèce est menacée d'une nouvelle invasion, celle des Francs : elle est environnée de toutes parts, le siège dure depuis longtemps ; la famine est grande. L'âme sublime de Geneviève s'émeut : elle prend en pitié les misères du peuple ; elle fait remonter quelques bateaux sur la Seine et procure des vivres à la ville. » (Page 176.)

JEANNE

C'était la digne devancière de Jeanne d'Arc.

MADEMOISELLE

Maria Deraismes le fait remarquer :

« Geneviève est le précurseur d'une héroïne plus surprenante encore. Huit siècles après, rayonne Jeanne d'Arc, offrant au plus haut degré le type de la valeur mise au service du plus ardent patriotisme. Il y a, dans le procès de la martyre, certaines réponses qui sont des chefs-d'œuvre de logique. Ce qui frappe dans Geneviève et Jeanne, c'est l'initiative. Ce sont des natures vigoureuses. Riches de leur propre fonds, elles n'empruntent rien à leur entourage ; elles sont douées de force subjective ; chacune d'elles agit *sua sponte*. En plein moyen-âge, alors qu'elle est placée dans un rang subalterne, la femme ne se tient pas pour battue. Les femmes cherchent par tous les moyens à sortir de la position inférieure qu'on leur a faite. Elles produisent des vertus, des actes capables d'éblouir le monde. Elles ne se contentent plus de la vie de château, elles aspirent à voir leur influence outrepasser les frontières domestiques et s'exercer sur les affaires générales. On les voit alors recevoir des hommages, présider des tribunaux, veiller à la garde et à la défense des manoirs, conduire des armées, remplir envers leur suzerain tous les devoirs de vassalité. » (Page 178.) »

JEANNE

Le moyen-âge avait du bon.

MADEMOISELLE

Sous ce rapport, notre pays, loin d'avancer, a reculé. Ecoutez maintenant cette énumération :

« Les XIII, XIV, XV, et XVIe siècles fourmillent en héroïnes. Le courage et la capacité des femmes se manifestent individuellement et collectivement. Blanche de Castille sait satisfaire à sa double tâche de mère et de régente. La comtesse de Champagne règne au nom de son jeune fils. Jeanne de Navarre et Marie de Brabant sont les protectrices éclairées des savants et des poètes. Au XIVe siècle apparaît une pléiade de femmes supérieures et vraiment extraordinaires. Une des plus étonnantes est Jeanne de Flandre, comtesse de Montfort. Jean de Montfort, compétiteur de Charles de Blois à la succession de Bretagne, était retenu prisonnier dans Rennes par le duc de Normandie, fort ami du roi de France. Cette captivité semblait devoir mettre fin à ses compétitions, quand un évènement imprévu releva ses affaires désespérées. La comtesse de Montfort, abandonnée par la fortune, ne s'abandonna pas elle-même : elle tenta à elle seule de réparer les désastres de sa maison.

» C'était une de ces natures énergiques qui se disent : Aide-toi, le Ciel t'aidera. Accoutumée jusque là à des soins domestiques, la comtesse les quitta aussitôt ; elle mit de côté la quenouille et la tapisserie : elle prit l'épée, elle commanda les hommes d'armes et leur communiqua son courage, elle administra avec fermeté et sagesse les états de son mari prisonnier et porta l'épée nue au sacre de Louis IX. Anne de Beaujeu, à vingt-deux ans, fut appelée à la régence de France par son père Louis XI ; elle développa des capacités inattendues; elle continua cette grande œuvre de la destruction de la féodalité ; elle triompha du duc d'Orléans à Saint-Aubin du Cormier. Par grand malheur pour la nation, la loi salique ne lui permit pas de rester au pouvoir, elle dut remettre le royaume à son frère Chrrles VIII, un assez piètre sire. En Angleterre, Philippine de Hainaut, femme d'Edouard III, remporta une victoire sur les Ecossais qui avaient envahi les provinces septentrionales. Au XVe siècle, nous voyons les femmes sur les remparts, à la brèche. A Saint-Riquier, à Beauvais, à Saint-Lô, à Perpignan, à Metz, à la Rochelle, partout elles déploient une énergie et une vaillance extraordinaires. Le Dauphin, plus tard Henri II, au siège de Perpignan, voulut voir un brave capitaine dont les prouesses étaient venues à ses oreilles. On le connaissait dans le camp français sous le nom de capitaine Loys. Il le manda sous sa tente. Mais lorsque le héros eut ôté son casque, on fut bien étonné de voir une jeune fille de seize ans, Louise Labé, dite plus tard la belle Cordière. Elle maniait d'ailleurs la plume aussi bien que l'épée. C'était elle qui disait : « Je ne puis faire autre chose que de prier les vertueuses dames d'élever leur esprit un peu au dessus de leur quenouille. » Dans un bref discours du siège de Metz (1552) rédigé par un soldat à la requête d'un sien ami, on voit que les gens de la ville réédifient leurs murailles à mesure que l'ennemi les abat. « Et ne laissa-t-on point, lit-on, qu'on n'y travaillât jour et nuit, autant bien les femmes comme les hommes, et, qui est encore plus admirable, les filles qui étaient encore bien jeunes et les femmes, lesquelles continuellement apercevaient les pièces de muraille qui étaient d'artillerie frappées, volant en l'air bien souvent ou choir, tuer maintenant l'une, tantôt l'autre, non seulement n'en recevaient ébahyssement, mais comme de chose de petit moment. »

» Duguesclin savait bien, quant aux femmes de notre pays, qu'il n'y a rien de plus français en France que les Françaises. « Il n'y a pas une fileuse, disait-il, qui ne file une quenouille pour ma rançon. » (Page 179.)

JEANNE

J'en aurais filé plutôt deux qu'une.

MADEMOISELLE

Arrivons maintenant aux caractères les plus opposés que la nature ait faits. Maria Deraismes nous fait remarquer que :

« A la même époque, dans le même pays, avec le même titre, surgissent deux femmes qui symbolisent à elles seules la grande lutte des deux types féminins : Elisabeth Tudor, Marie Stuart. Le génie écrasant de la première, la profondeur de ses vues et son aptitude à la politique, la science la plus géniale après la philosophie, lui ont donné beaucoup d'adversaires parmi les hommes. Ils ont senti que s'ils acceptaient ce caractère comme un spécimen de la femme, leur supériorité croulerait à jamais et qu'ils ne seraient plus dorénavant que ses égaux.

« Cette considération a fait la fortune de Marie Stuart. Les hommes, sans s'occuper si elle est rousse ou brune, ont pris son parti rien que pour servir leur propre cause.

« En admirant Elisabeth, les hommes perdent de leur privilège : en exaltant Marie Stuart, ils les accentuent et les confirment. Elisabeth, c'est la femme dominée par la raison ; sentiments, passions, sont régis chez elle par le jugement. Croyante dans l'autorité légale des rois, elle pousse l'autocratie aussi loin que possible ; mais cette autocratie s'exerce au bénéfice de son peuple. Elle a vraiment l'amour national. La grandeur et la prospérité de son pays passent avant ses satisfactions intimes et personnelles ; aucun intérêt collectif n'est sacrifié à ses favoris.

« Tandis qu'Edouard III discrédite la fin de son règne par ses faiblesses pour Alice Pierce ; tandis que Henri VIII suscite les fureurs religieuses et se vautre dans les crimes pour assouvir ses lubriques instincts ; tandis que Henri IV se dispose à entreprendre une guerre pour satisfaire un caprice amoureux, Elisabeth continue jusqu'à la dernière heure de mettre un frein à ses tendances et à ses sympathies particulières. Aucun roi d'Angleterre n'est à la hauteur d'Elisabeth. Et pourtant jamais souverain n'est monté sur le trône dans des circonstances aussi difficiles. » (P. 181.)

ADÈLE

Mais la reine Elisabeth est une exception.

MADEMOISELLE

C'est une réputation que l'on fait à toutes les

femmes qui se sont distinguées. Mais Maria Deraismes nous dit :

« Est-elle donc une exception, une organisation à part ? Est-ce un *homme manqué*, comme certaines gens se plaisent à le dire ? Non ! elle est femme dans toute l'acception du mot, elle aime à plaire, elle recherche la parure, elle mène tout de front. « Elisabeth a toutes les grâces de son sexe, dit l'historien ; si elle n'en a pas toutes les beautés, elle en possède tous les charmes ; elle a l'affabilité, la bienveillance, le tact, le sourire ; et sa seule présence ravit le peuple anglais. » Elisabeth règle tout, pense à tout. Elle administre avec tant de sagesse, tant de prudence, qu'elle accomplit des travaux immenses bien qu'en faisant des économies. — Problème à résoudre de nos jours.

» Marie Stuart est spirituelle, instruite, elle est plus belle qu'Elisabeth. Son ambition n'est pas moindre : elle aspire à la couronne d'Angleterre ; elle prétend, en vertu d'une parenté éloignée, avoir plus de droits au trône que la fille de Henri VIII. Telle est l'origine de l'antagonisme des deux femmes. » (Page 182).

MARTHE

On nous a toujours dépeint Marie Stuart comme une victime touchante de la cruauté d'Elisabeth.

MADEMOISELLE

Marie Stuart eut bien des torts, torts que les

hommes trouvent très aimables, mais qui donnent une opinion fâcheuse du caractère de cette reine. Poursuivons :

« Autant Elisabeth a de calme et de réflexion, autant Marie est emportée par des impressions. Ses sentiments, ses fautes, ses chûtes, elle les efface non par des arguments, des motifs explicatifs, mais par la séduction. Elle séduit, séduit encore, séduit toujours et croit que tout est racheté.

» Elle séduit François II, elle séduit Darnley et le fait assassiner, dans la suite, elle séduit Bothwell, elle séduit Douglas, elle séduit Norfolk et le pousse du même coup à la conspiration et à l'échafaud : son amour est fatal. C'est par la fascination qu'elle se fait des partisans et qu'elle affirme ses droits. Devant une passion, un désir à satisfaire, rien ne l'arrête. Elle pleurera la France en présence des Ecossais irrités ; un mari la gêne, elle s'en débarrassera ; elle ira jusqu'à épouser l'assassin et voudra le faire accepter par la nation entière. Intérêts publics, dignité royale, réclamations du peuple, rien ne la touche. La royauté, pour elle, c'est la facilité de contenter ses caprices, c'est le prestige du pouvoir ajouté au prestige de la femme.

» Le prestige qu'exerce Marie Stuart est de convention. Ce n'est pas sans préméditation que les hommes exaltent ce caractère ; il caresse leur orgueil, il légitime leur ascendant. Les femmes ainsi organisées ont besoin de tutelle et de maître.

« A cela, je ne répondrai qu'un mot, Les hommes se figurent être d'autant plus forts que la femme est plus faible. Erreur ! La faiblesse de celle-ci annule la force de ceux-là. Du reste, pour juger de la valeur d'un caractère, il faut le généraliser. Multipliez les Marie Stuart, les Héloïse, les Juliette, les Marguerite, c'est-à-dire des natures où la volonté est toujours dominée par le sentiment, par la passion, et vous verrez ce que deviendront la famille, la cité, la nation.

» Les filles ouvriront les portes à l'ennemi de leurs pères ; les femmes quitteront leurs maris pour leurs amants ; les mères, aveuglées par la tendresse, encourageront les désordres de leurs fils ; enfin toute femme trahira sa patrie, reniera sa nationalité, ses principes, ses croyances, pour obéir à l'impulsion de ses sens et de son cœur. » (Page 183).

MARTHE

Plutôt ne pas exister que d'être ainsi ! Mais que de femmes distinguées dont on ne connaît pas l'histoire ! Mlle Maria Deraismes n'en fait-elle pas la remarque ?

MADEMOISELLE

Cette femme de bon sens les glorifie ainsi :

« Il y avait, au temps du polythéisme, en sus des temples dédiés aux divinités du panthéon, un autel au frontispice duquel était gravée cette inscription : « *Deo ignoto* » (1). A mon tour, aujourd'hui, après avoir parlé des femmes célèbres dont le nom est resté dans l'histoire, j'élèverai un autel aux grandes femmes inconnues.

» Nous appellerons grandes femmes inconnues toutes les femmes qui participent à une œuvre sans avoir la gloire de la signer, qui y coopèrent dans le silence et l'obscurité. Leur collaboration est latente, occulte ; elles s'absorbent dans une personnalité qui n'est pas la leur, elles abdiquent en sa faveur ; elles ont le labeur et non la récompense.

» On admire un poète, un écrivain, un orateur, un artiste, et l'on oublie que peut-être la moitié de son mérite revient à un autre, à un associé invisible et mystérieux qui ne se nomme jamais, une femme, épouse, mère, sœur ou fille. Cette femme est la gardienne de votre gloire, elle veille à ce que vous ne la compromettiez pas ; elle prend des notes, elle consulte des dictionnaires, corrige des épreuves, scrute une phrase, l'adoucit ou l'accentue ; elle substitue un mot à un autre : elle suggère une idée, fournit en substance un aperçu nouveau ; elle est scrupuleuse à l'excès, par amour et par dévouement. Mais combien elle a de tact !

(1) Au Dieu inconnu.

comme elle voit juste ! Un avocat distingué me disait, ces temps derniers, que ses causes les plus difficiles, il les portait à sa mère. Elle examinait le dossier, l'étudiait et lui fournissait presque toujours ses meilleurs arguments.

» J'ai connu une femme qui apprit l'anglais et l'allemand pour procurer à son mari de consciencieux renseignements.

» J'ai connu un jeune officier qui perdit son bras droit à Balaklava. Il avait une mère assez âgée parce qu'il était le dernier de ses enfants, et elle en avait beaucoup. Dès qu'elle sut le malheur de son fils, elle ne se servit plus que de son bras gauche, et peu de temps après elle écrivait à son enfant ; » Mon ami, console-toi ; le malheur qui te frappe est réparable. Aujourd'hui je cesse de me servir de mon bras droit pour travailler, pour m'habiller. La première quinzaine a été un peu pénible : songe que j'ai soixante-dix ans ! Mais au bout du compte, j'y arrive, je t'écris ; mon intelligence n'en est pas ébranlée pour cela. Prends donc espoir. Se servir du bras droit est une manie : je m'en déshabitue. » (Page 184.)

JEANNE

Honneur à l'amour maternel !

MARTHE

Voilà une lettre qui devrait être gravée sur le marbre.

Il y a des amours de mère qui font penser qu'ils émanent de la divinité ; et Maria Deraismes ajoute :

« Je range encore parmi les grandes femmes inconnues celles qui, dans les affaires, font la fortune de leur maison, sans que personne s'en doute. Toutes les louanges sont dévolues au mari. On dit : Un tel est bien fin, bien habile, il a l'entente des affaires. En réalité, que de maris se trouvent bien de ne rien entreprendre sans l'avis de leurs femmes, de s'éclairer de leurs lumières, de se laisser guider par leur clairvoyance et leur finesse ! Et d'autre part, que de femmes, malgré leur intelligence et leur travail, assistent à la déchéance de leur maison, quand elles donnent en vain de sages conseils ou qu'elles ne sont pas intimement associées à la direction des affaires ! Si le mari, qui a la haute main, le droit de signature, l'initiative des entreprises, est un incapable et un débauché, la sagacité de la pauvre femme, ses labeurs, ses conseils se heurtent contre une borne ; ses économies ne feront que retarder la catastrophe. Et pourtant elle avait tout ce qu'il fallait pour prospérer et réussir ! Que de fois la femme, témoin d'opérations stupides, sait qu'à elle seule elle pourrait tout conjurer, et se voit, par l'arbitraire ou l'obstination du mari, condamnée à la ruine ! » (Page 185.)

JEANNE

Ma bonne, dans l'intérêt même de la famille, la signature des deux époux ne devrait-elle pas être exigée quand il s'agit d'un papier d'affaires quelconque ?

MADEMOISELLE

C'est une opinion qui se forme, mais qui aura, hélas ! bien de la peine à se faire accepter.

MARTHE

Quelle question traitera-t-on la prochaine fois ?

MADEMOISELLE

Nous traiterons une question que l'on n'aborde pas volontiers avec les femmes et surtout avec les jeunes filles ; nous parlerons politique. Au revoir, chères amies.

SEPTIÈME ET DERNIER ENTRETIEN

MADEMOISELLE

Je désirerais, avant de clore ces entretiens, vous faire connaître l'opinion de Maria Deraismes sur la nécessité d'immiscer la femme à la vie politique, et tout d'abord elle pose en principe que « celui qui est indifférent à la politique ne remplit pas sa destinée. » (Page 226.)

Et ceci, si peu approuvé des diplomates :

« Pour rendre des services en politique, il suffit d'avoir du cœur, de l'esprit et du patriotisme. Les Franklin et les Washington, qui ont été de grands citoyens, d'habiles négociateurs à l'occasion, et qui ont fondé la République américaine, n'avaient point fait d'études dans les diplomaties, ce qui ne les empêcha pas d'établir le régime de la liberté et de la justice. » (Page 232.)

« Nous avons pourtant des diplomaties où l'on enseigne la gymnastique politique, l'exercice de la bascule y est fortement recommandé. Ces écoles de dressage apprennent à ceux qui y entrent à brouiller les notions du juste et de l'injuste. Le plus souvent, il en sort des fruits secs, des nullités prétentieuses, des médiocrités fastueuses qui vont encombrer les cours étrangères et étaler dans les réceptions officielles leurs boutonnières surchargées et leurs cerveaux vides. Cette gent compromet et gâte souvent les rapports extérieurs par son ignorance crasse des milieux où elle se trouve, par sa suffisance et son insupportable vanité. C'est une inutilité coûteuse qui a plus souvent dérangé nos affaires qu'elle ne les a servies. Quand les diplomates entrent en travail, je suis dans les transes. » (Page 231.)

« Pour l'homme politique, c'est faire preuve de caractère que de subordonner le cœur à la raison. Encore, ici, faudrait-il savoir de quelle raison il s'agit. La raison, cette faculté directrice, n'élimine pas le cœur, elle l'éclaire et le guide. Autre est la raison d'Etat ; cette raison-là est entièrement opposée à la raison. Il est à remarquer qu'on revêt du beau nom de raison une foule de calculs égoïstes, ambitieux, cupides, qui ne sont que des infractions à la justice, à la morale, à la saine raison. » (Page 237.)

MARTHE

N'est-ce pas au nom de la raison d'Etat que la femme est éliminée des affaires publiques ?

MADEMOISELLE

La femme, selon les affamés du pouvoir, ne ferait qu'ajouter aux difficultés ; mais poursuivons :

« Vous voulez, dites-vous, une politique rationnelle, rien de mieux ; mais elle ne sera rationnelle qu'autant qu'elle tiendra compte de la nature des êtres qu'elle dirige. Eliminer le sentiment dans la politique, c'est laisser de côté la moitié de la personne humaine ; c'est jeter dehors la force impulsive et déterminative de ses actes. Aussi n'avons-nous pas lieu de nous étonner quand nous voyons qu'aucun de ces systèmes politiques n'a été viable ; aucun, quel que soit le génie de son chef, n'a résisté à l'action du temps ; parce que tous, sans exception, ont violenté la nature humaine dans ses aspirations les plus intimes, les plus impérieuses, les plus légitimes ; toutes ces politiques ont été anormales.

» Il est impossible, entendez-le bien, de faire la séparation du sentiment et de la raison : les deux tiennent ensemble et forment le *moi* moral.

» Qui donc pourrait dire que les grands principes fondamentaux sur lesquels se base notre conscience, et qui sont comme la mesure sur laquelle nous ajustons tous nos actes et qui nous en font connaître la valeur, procèdent plus de la raison que du sentiment ? Nul ne peut contester que la notion de justice et de droit ne vienne autant du cœur que de la tête. La vue d'un intérêt légitime blessé, d'une iniquité commise, excite notre indignation. » (Page 238.)

JEANNE

Notre indignation a le champ vaste pour pouvoir s'y exercer.

MADEMOISELLE

Les iniquités à notre sujet ne manquent pas.

« Et c'est précisément, poursuit Maria Deraismes, parce que la corde sensible vibre en nous, que je voudrais qu'on nous immisçât dans tout et partout pour combattre un égoïsme invétéré et un individualisme envahissant ; car, vous savez bien que si le sentiment, qui n'est, ici, que le respect et l'amour de ses semblables, est considéré comme un conseiller inopportun en politique, il est de même un objet de suspicion dans tous les agencements en sous-ordre.

» Nous étant bien expliquée sur la valeur du sentiment et la grandeur du rôle qu'il doit jouer dans le monde, nous répétons qu'étant l'âme de la vie privée, il doit également l'être de la vie publique. »

» Pressés dans leurs derniers retranchements, nos contradicteurs prétendent qu'ils n'entendent point faire fi du sentiment, que nous leur prêtons des intentions qui ne sont pas les leurs; qu'ils tiennent le sentiment en grande estime, mais que la faiblesse cérébrale de la femme la porte à s'y livrer sans mesure, et à le pousser à outrance. » (Page 239.)

JEANNE

Mais puisque la femme a la cérébralité si faible, pourquoi l'accabler de devoirs ? Quelle inconséquence !

L'égoïsme ne s'embarrasse pas pour si peu.

« On a vu, fait remarquer Maria Deraismes, les femmes apporter le contingent de leur génie, de leur courage, de leur dévouement ; dévouement qu'elles ont poussé même jusqu'au sacrifice de leur vie. Seulement, à la longue, elles ont dû se refroidir ; car si on les a admises à participer à la peine, en revanche, on les a exclues quand il s'agissait de la gloire.

» Beaucoup se sont retirées, peu encouragées qu'elles étaient. La politique du suffrage universel est donc la clé de voûte de toute société soucieuse du progrès. Si elle n'a pas donné tous les résultats qu'on en espérait, c'est que le suffrage universel, amputé d'une moitié, n'a jusqu'ici fonctionné que sur un pied, et en boîtant, laissant sans emploi une grande partie de ses forces, en ayant refusé la femme comme auxiliaire.

« Il se heurte, à tout instant, à une foule de difficultés qu'il s'est créées lui-même : il ne parvient pas à l'enfant ; et celui-ci manque d'éducation civique, car cette éducation doit se donner de bonne heure. Il y a là retard, dommage et déficit. Dans les circonstances exceptionnelles où nous sommes, en train de réorganiser le pays par le régime démocratique, nous avons besoin du concours de toutes nos forces ; nous devons attirer à nous toutes les activités, toutes les influences, sans en omettre aucune. Il ne s'agit point seulement de l'avènement d'une classe aux affaires, mais bien de tout un peuple. Donc, il faut que la vie politique circule dans tous les rangs, dans tous les membres de la société, sans distinction de fortune, de position et de sexe. » (Page 241.)

ADÈLE

La femme ne sera plus femme, alors.

JEANNE

Et la raison ?

ADÈLE

C'est qu'elle ressemblera à l'homme.

JEANNE

Ne leur ressemblons-nous pas en mangeant, en toussant, en crachant, ce sera une ressemblance de plus.

MADEMOISELLE

Ma chère Adèle, on peut dire que l'homme ressemble à la femme quand il aime ses enfants ; trouvera-t-on qu'il ravale son caractère pour cela ? D'ailleurs, les hommes n'ont pas toujours eu tous le droit de vote. Aujourd'hui encore, les soldats ne votent pas. Croyez-vous que ces hommes ressemblent à des femmes pour cela ?

Maria Deraismes nous dit encore :

« L'humanité, en prenant de plus en plus connaissance d'elle-même, commence à avoir conscience de ses destinées ; elle aperçoit que les conditions de développement moral et intégral des individus et des nations, c'est la paix. Elle acquiert la conviction que ses chefs, ses maîtres, l'ont menée à contre-sens et l'ont fourvoyée à leur profit.

» De là la tendance générale des peuples à se donner la main au dessus de l'action des diplomates qui leur a été à tous plus nuisible que favorable. Ils constatent enfin qu'il leur est plus profitable et plus moral aussi d'échanger des idées, des sentiments, des découvertes, des produits, que des balles et des obus ; ils se rendent compte qu'une seule guerre détruit, en un instant, des siècles de civilisation. Malgré les efforts des gouvernants pour fomenter et susciter les haines, l'humanité, plus éclairée, reprend ses droits. C'est alors que le suffrage universel qui émet aujourd'hui ses opinions dans tout ordre d'idées, représente le sentiment public. Or, l'intérêt général n'est jamais pour la guerre ; il n'y a que l'intérêt personnel particulier à qui elle puisse être avantageuse. » (P. 243.)

MARTHE

Ma bonne, il y a des guerres qu'on est forcé de faire ou de subir.

MADEMOISELLE

Rassurez-vous, ma chère Marthe, notre grande pacificatrice est une patriote ; elle nous en donne la preuve :

« Vous entendez bien que nous ne voulons pas une paix quand même, une paix au détriment de l'honneur. Dès que le droit est menacé ou qu'une cause légitime est lésée, s'il ne reste comme moyen de réparation que la guerre, il n'y a pas à hésiter, il faut la faire, mais en la considérant, au préalable, comme une extrémité dernière. C'est dans cette propagande de la paix que la femme a son rôle tout tracé.

» Certains craignent que, si la guerre disparaît, il n'y ait abaissement des caractères, affaissement des énergies, diminution des forces. La guerre, dit-on, fortifie les âmes, elle est moralisatrice, elle apprend à se priver, à se dévouer, à se sacrifier ; sans elle, adieu les traits d'héroïsme, les mâles vertus, les vertus guerrières.

« Ces plaintes n'ont rien de sérieux. Jamais la guerre n'a été et ne sera moralisatrice. Nous l'avons dit tout à l'heure, sa cause peut être loyale, légitime, mais, en fait, elle reste immorale. Elle lâche la bride à tous les instincts violents. Le soldat ne peut accomplir sa tâche que grisé par la poudre et par le sang ; lui-même est contraint de se faire, par obéissance, l'instrument d'actes odieux. Il n'est pas de guerre, si sacrée qu'elle soit, qui ne renferme des épisodes sauvages et monstrueux.

» Il est banal de répéter que la guerre et la paix armée sont les obstacles de tout réel progrès. Or, l'élimination de la femme du suffrage universel est nécessairement la prolongation de l'esprit belliqueux. » (Page 243.)

JEANNE

Comme si la terre n'était pas assez grande pour ses habitants !

MADEMOISELLE

Espérons que les guerres deviendront de plus en plus rares ; la clairvoyance de Maria Deraismes nous le prédit :

« Aujourd'hui la guerre est un anachronisme ; l'essor de la civilisation, ses perfectionnements, exigent l'expansion de la sociabilité. Par quelle aberration les peuples les plus avancés continuent-ils à se défier les uns des autres et à s'entretuer au besoin ? Ce que nous possédons de la terre n'est relativement rien en comparaison de ce qui reste à exploiter. N'est-il pas logique, la science nous fournissant des moyens de communications rapides et la possibilité des échanges, que les peuples les plus avancés s'unissent et combinent leurs efforts pour entreprendre cette conquête des régions lointaines et inexplorées, et y accomplir la grande œuvre d'utilisation et de civilisation supérieure ? Il y aura là assez de difficultés à aplanir, d'obstacles à vaincre et de dangers à courir pour satisfaire les plus intrépides et les âmes les mieux trempées.

» Mais ce plan grandiose ne pourra se réaliser

qu'avec le concours intégral des deux facteurs de l'humanité. Tant que l'expression de suffrage universel ne sera qu'un euphémisme déguisant la suppression de la moitié d'une nation dans le consentement public, les décisions des assemblées et des conseils n'auront qu'un sens incomplet. Et d'ailleurs, à quoi sert de lutter lorsque l'extension du suffrage universel jusqu'aux femmes s'impose? Car indépendamment des raisons que je viens d'énumérer, il en est une autre encore plus forte et plus décisive : c'est que, quelque précaution que prenne l'omnipotence masculine, elle ne peut se dérober à l'influence féminine : une longue file de siècles nous en fournit le témoignage. Il y a entre les deux sexes des rapports d'une nature si intime, si fascinatrice, que les plus virils de caractère et de volonté ne peuvent s'y soustraire. De l'Orient à l'Occident et de l'Occident à l'Orient, les femmes ont toujours pesé d'un grand poids sur les événements publics, qu'elles aient l'air d'y être indifférentes ou intéressées. Le plus sage est donc de les mettre à même d'acquérir les connaissances indispensables en cette matière, connaissances qui, jointes à leurs dons naturels, les rendront capables d'apporter un complément, puisque complément il y a, sans lequel la somme des efforts nationaux serait imparfaite et inféconde. » (Page 244.)

MARTHE

Mais l'homme y consentira-t-il jamais ?

MADEMOISELLE

La femme devrait être persuadée qu'elle est coupable en se désintéressant de la chose publique ; il nous est permis de croire que si elle avait élevé la voix énergiquement, bien des désastres auraient pu être évités, et peut-être ne serait-ce que juste si, devant tant de sang répandu dans les guerres civiles et étrangères, la femme se frappait la poitrine en faisant son *mea culpa*.

MARTHE

Ma bonne, cette indifférence ne provient-elle pas de son éducation ?

MADEMOISELLE

En effet, des femmes, de par le fait de leur éducation, regardent avec étonnement, certaines avec ironie et dédain, celles qui cherchent à préparer un avenir meilleur à leurs descendantes ; elles ne se rendent pas compte que si bien des chagrins sont épargnés à leurs filles, elles le devront à ces femmes contre lesquelles elles dirigent leurs sarcasmes.

Les femmes désœuvrées n'ont pas conscience que leurs stations dans les lieux de plaisir ne peuvent que les faire regarder, par ceux qui voient plus loin, avec douleur et reproche.

D'autres disent : Les hommes nous interdisent de nous occuper de ces choses. Ah ! si la femme était bien pénétrée des changements que son immixtion dans les intérêts publics amènerait, elle ne se lasserait pas de clamer son droit jusqu'à ce qu'elle ait obtenu justice.

Il y a encore ceux qui n'osent plus rompre en visière et qui disent : L'éducation politique de l'homme n'est pas achevée. Attendez, la vôtre se fera après.

Croyons, en entendant ces bons apôtres, qu'elle ne se fera jamais.

Quand on a établi le suffrage soi-disant universel, l'éducation des hommes était-elle faite ? Non, répond-on, mais aussi cette liberté ne venant pas à l'heure, a produit de mauvais effets. Nous croyons que le mauvais effet produit a été surtout de ravaler plus que jamais la femme, en plaçant ainsi les derniers des aventuriers avant l'élite du sexe féminin. C'était aggraver encore cette plaie de l'inégalité de droits pour les deux sexes. C'était fortifier encore cette idée fausse (surtout chez les hommes incultes) que la femme doit être comptée pour rien. Aussi la rudesse masculine, livrée à elle-même sans aucun élément pondérateur, méprisant une force sur laquelle l'homme devrait, au contraire, s'appuyer, a produit des effets dignes d'elle. Nous ne voyons que désordres, violences, conflits sanglants entre hommes d'un même pays. Eh bien ! nous devons crier : Non, cela ne sera pas, nous ne le voulons pas ; il est grand temps que nous fassions entendre notre voix : il y a dans la nature de l'homme quelque chose de rude qui demande un adoucissement. Oui, en politique comme en toutes choses, la ruse et la sécheresse ne sont pas de bonnes conseillères. Que la femme s'impose, il y va de l'avenir de notre patrie.

JEANNE

Vive la France !

MARTHE

La France a déjà eu des preuves que l'intervention de la femme était nécessaire à son existence.

MADEMOISELLE

Oui, au quinzième siècle, le pays de France était en grand péril, une femme parut, et il fut sauvé.

Cette femme était donc de grand conseil, son expérience était-elle si éprouvée que l'on pouvait se ranger à ses avis ?

C'était encore une enfant, ne connaissant rien du monde.

Elle avait donc des alliances qui la rendaient redoutable ?

Elle ne connaissait personne.

Elle partit seule de son village, ce fut son élan qui entraîna le peuple. Que notre foi dans la nécessité de notre intervention nous anime et nous guide ; il ne peut être question de personnalité, une personnalité au temps où nous vivons serait bien vite mise à néant ; il faut élément contre élément : la foi de tous luttant contre l'indifférence et l'aveuglement de tous.

Maria Deraismes a prêché cette croisade en réclamant l'affranchissement féminin.

Une femme a sauvé la France ; le féminisme peut sauver la société.

Ecole professionnelle d'Imprimerie, 19, rue Bonaparte, Paris.

PARIS. — ÉCOLE PROF. D'IMP. 19, RUE BONAPARTE

www.ingramcontent.com/pod-product-compliance
Lightning Source LLC
LaVergne TN
LVHW021829170726
843503LV00003B/882

* 9 7 8 2 3 2 9 7 6 9 7 9 0 *